Um caso de amor com a endometriose
o outro lado da doença

Editora Appris Ltda.
1.ª Edição - Copyright© 2023 do autor
Direitos de Edição Reservados à Editora Appris Ltda.

Nenhuma parte desta obra poderá ser utilizada indevidamente, sem estar de acordo com a Lei nº
9.610/98. Se incorreções forem encontradas, serão de exclusiva responsabilidade de seus organi-
zadores. Foi realizado o Depósito Legal na Fundação Biblioteca Nacional, de acordo com as Leis nᵒˢ
10.994, de 14/12/2004, e 12.192, de 14/01/2010.

Catalogação na Fonte
Elaborado por: Josefina A. S. Guedes
Bibliotecária CRB 9/870

M396c
2023
	Masetto, Cristiano
	   Um caso de amor com a endometriose : o outro lado da doença
	/ Cristiano Masetto. – 1. ed. – Curitiba : Appris, 2023.
	   134 p. ; 21 cm.
	
	   Inclui referências.
	   ISBN 978-65-250-4705-8
	
	   1. Memória autobiográfica. 2. Casamento. 3. Endometriose.
	4. Amor. I. Título.
	
	                                    CDD – 808.06692

Appris
editora

Editora e Livraria Appris Ltda.
Av. Manoel Ribas, 2265 – Mercês
Curitiba/PR – CEP: 80810-002
Tel. (41) 3156 - 4731
www.editoraappris.com.br

Printed in Brazil
Impresso no Brasil

Cristiano Masetto

Um caso de amor com a endometriose
o outro lado da doença

FICHA TÉCNICA

EDITORIAL
Augusto Vidal de Andrade Coelho
Sara C. de Andrade Coelho

COMITÊ EDITORIAL
Marli Caetano
Andréa Barbosa Gouveia (UFPR)
Jacques de Lima Ferreira (UP)
Marilda Aparecida Behrens (PUCPR)
Ana El Achkar (UNIVERSO/RJ)
Conrado Moreira Mendes (PUC-MG)
Eliete Correia dos Santos (UEPB)
Fabiano Santos (UERJ/IESP)
Francinete Fernandes de Sousa (UEPB)
Francisco Carlos Duarte (PUCPR)
Francisco de Assis (Fiam-Faam, SP, Brasil)
Juliana Reichert Assunção Tonelli (UEL)
Maria Aparecida Barbosa (USP)
Maria Helena Zamora (PUC-Rio)
Maria Margarida de Andrade (Umack)
Roque Ismael da Costa Güllich (UFFS)
Toni Reis (UFPR)
Valdomiro de Oliveira (UFPR)
Valério Brusamolin (IFPR)

SUPERVISOR DA PRODUÇÃO
Renata Cristina Lopes Miccelli

PRODUÇÃO EDITORIAL
Bruna Holmen

REVISÃO
Samuel do Prado Donato

DIAGRAMAÇÃO
Renata Cristina Lopes Miccelli

CAPA
Sheila Alves

A todas as mulheres com endometriose.

AGRADECIMENTOS

Aos meus sogros, Helena e Salvador, que há tantos anos inexplicavelmente acreditam em minhas loucuras. E principalmente porque foram eles que me permitiram ter aquilo que de mais valor eu tenho.

AGRADECIMENTOS

Já faz um tempo que um Padre me fez prometer.
E com ele por testemunha jurei amá-la por toda vida.
Mas o engraçado é que a cada ano que passa,
é ela quem me mostra todo o Amor que há em mim.
E poder contemplar esse Amor, por meio do olhar dela e
no dos nossos meninos, é a maior Graça da minha vida.
Obrigado pelo nosso casamento, pela nossa vida e pela nossa família.

O Amor é algo tão complexo,

Que só é bem descrito em versos.

Manifesta-se quase sem nexo,

Em declarações (nobres gestos)

Ou no mais simplório amplexo.

(Vinícius Marino)

PREFÁCIO

Falar sobre endometriose está na moda, mas viver a endometriose na pele ou dentro de casa é algo bem diferente e merece uma atenção especial.

Atuo como profissional de saúde, cuidando de mulheres com endometriose há mais de duas décadas. Nesse período, convivi com muitas pacientes e pude viver visceralmente o sofrimento delas.

Nossa comunidade, médica e multiprofissional, passou por diversas modificações neste período e aproximou-se cada vez mais da visão holística e humanizada de atenção à saúde da mulher.

Não obstante, ainda hoje, em nosso meio, muitas mulheres não encontram o acolhimento e a atenção necessária para vencer ou conviver com a doença. Múltiplas cirurgias, tratamentos hormonais prolongados e uso de medicamentos analgésicos diversos são relatos comuns pela maioria das pacientes.

Se por um lado sabemos que a terapia cirúrgica é a única forma possível de cura da doença, por outro lado, não podemos deixar de lado todos os tipos de terapias multidisciplinares que compõem o apoio às mulheres com endometriose. Dieta adequada, preferencialmente com grande poder anti-inflamatório e antioxidante, associada à atividade física aeróbica regular são imprescindíveis para a melhora na qualidade de vida de qualquer mulher com endometriose.

Olhando na mesma direção e buscando sempre oferecer a melhor qualidade de vida possível, muitas vezes é necessário direcionar nossos esforços ao controle da dor. Neste sentido, a compreensão dos diversos mecanismos de dor, em especial a dor neuropática, ampliou os horizontes de tratamento da endometriose e suas sequelas.

Por isso, nesta narrativa, apresentada aos leitores de forma transparente e pontual, o autor nos brinda com uma visão tanto interna como externa da vida de uma mulher com endometriose, trazendo à tona os problemas da assistência à saúde em nosso país, a importância da rede de apoio, a temática social e familiar, mas acima de tudo, nos estimula a um contínuo repensar de nossas práticas pessoais, profissionais e espirituais.

Que Deus permita que esta leitura ilumine sua vida e traga novos caminhos na busca pela cura da endometriose.

Professor Doutor Paulo Ayroza Ribeiro

SUMÁRIO

1
INTRODUÇÃO...17

2
UM CONTO DE FADAS..21
Prelúdio

3
ESTRAGA PRAZER...34
Impacto da doença na minha vida

4
IGNORÂNCIA...43
Batalha pelo diagnóstico

5
UMA LUZ NO FIM DO TÚNEL...51
Primeira cirurgia

6
CADÊ A MINHA MULHER?..58
Primeiro pós-operatório

7
CHEGOU A NINA...67
Terapia com PETs

8
MEDICINA NÃO É UMA CIÊNCIA LÓGICA..71
Gravidez e endometriose

9
LOUCURA..77
Impacto da doença na saúde mental

10
FUI CURADO..82
Tratamento psiquiátrico

11
UM SUSPIRO!..86
Segunda gravidez

12
NÃO ME FALE DAQUELE PARQUE LÁ DA FLÓRIDA..................90
Outras cirurgias e tratamentos

13
SINTA ESSA BRISA!..97
Cannabis Medicinal

14
AQUELA FRUSTRAÇÃO...105
Vida sexual com endometriose

15
VIVER É SOFRER...112
A dinâmica do sofrimento

16
UM CASO DE AMOR COM A ENDOMETRIOSE.......................121
Nosso casamento

REFERÊNCIAS 132

INTRODUÇÃO

Dizem que uma das coisas que você deve fazer antes de morrer é escrever um livro. Então decidi escrever este aqui em meio à pandemia global da Covid-19, num momento que a humanidade parou e resolveu repensar, seja por necessidade ou convencimento, num modo de vida diferente.

Neste período de convívio familiar intenso que eu, assim como a maioria dos chamados "pais de família", fui obrigado a me adaptar a uma vida reclusa e de atividades domésticas frequentes. Afinal, já não havia mais aquela desculpa básica do "macho que sai para caçar", que nestes nossos tempos modernos tornou-se na obrigação de ir para o escritório ou, melhor ainda, aquelas viagens de negócios, que no meu caso haviam se intensificado para semanas fora de casa nos últimos dois anos.

De forma radical, fomos então limitados ao tal do *home office* e a uma adaptação forçada.

Assim, nesta loucura que se tornou minha vida, entre participar de uma *conference call* internacional e lavar uma louça ou fazer o jantar – sim, eu sempre fui o cozinheiro da casa –, ou então de acompanhar a análise do *valuation* da minha empresa por um investidor e de ajudar um dos meninos com o dever de casa, eu desenvolvi uma empatia ainda maior e consequente admiração pela mulher com quem me casei.

Como ela consegue administrar tudo isso e com endometriose?

Mulher é realmente um bicho diferente, sobretudo forte demais. E a minha é foda!

A endometriose é uma doença feminina, a tal da "doença da mulher moderna". Um jeito bem simples de descrever a doença e carregada de certa crítica, já que as mulheres até pouco tempo atrás se casavam muito cedo, também muito cedo tinham o primeiro filho e a partir daí iam emendando uma gravidez atrás da outra. O que as faziam passar a maior parte da vida grávidas ou amamentando; desde a primeira menstruação até a menopausa. E assim acabavam por não gerar muitos ciclos menstruais ao longo da sua idade fértil.

No entanto, ao longo dos anos, com a emancipação feminina, o empoderamento com relação ao cuidado com o próprio corpo, o uso de anticoncepcionais e o planejamento familiar, vemos uma diminuição no número de filhos das famílias. No meu caso, por exemplo, minhas avós tiveram oito filhos cada, já minha mãe teve quatro e minha esposa somente dois.

Neste novo contexto social, as mulheres começaram a conviver com vários ciclos menstruais ao longo da sua idade fértil.

A palavra endometriose vem da junção da palavra ENDOMÉTRIO (tecido que normalmente recobre o interior do útero) mais o sufixo OSE (que vem do grego e significa doença). Portanto, ENDOMETRIOSE significa doença do endométrio. Mais especificamente, a endometriose é a presença de endométrio fora do útero.

Na endometriose, o tecido endometrial ectópico (fora do seu local habitual) pode estar presente nas tubas uterinas (conhecidas popularmente como trompas), ovários, intestino, bexiga e outros órgãos, explica Oliveira[1].

O que de fato sei é que a endometriose é algo terrível, como vocês poderão ver em detalhes ao longo deste livro; algo que limita, mutila e gera um sofrimento extremo para vida das mulheres acometidas. Porém, inexplicavelmente até hoje é algo ainda desconhecido para maioria das pessoas e, pasmem, também para grande parte da classe médica.

E nesta convivência intensa e forçada pela pandemia que pude acompanhar essa doença muito mais de perto, 24 horas por

---

[1] OLIVEIRA, Marco A. P. De. **Endometriose Profunda - O que você precisa saber**. São Paulo: DI Livros, 2016. p. 1.

dia e 7 dias por semana, sem aquelas escapadinhas que a vida profissional me permitia. Durante esse período de reflexão extrema, um pensamento não saia da minha cabeça: se a endometriose ainda é um assunto tratado de forma tão superficial e distante para a maioria das mulheres, como este assunto é tratado com os homens? Será que alguns dos meus colegas fazem ideia do que é se casar com a endometriose? Será que eles sabem que suas esposas podem ter endometriose?

Mas, principalmente: se existem milhões de mulheres com endometriose no mundo, existem milhões de homens que se casaram com elas.

Como esses homens e essas mulheres estão lidando com isso?

Com questionamentos na cabeça, refleti que uma das melhores partes da maturidade foi ver minha jornada de autoconhecimento ser intensificada com o passar dos anos. O que de fato não deveria ser algo especial, pelo contrário, acredito que seja necessário para o desenvolvimento de todo ser humano.

Nessa busca pessoal permanente, encontrei um mecanismo que para mim é muito eficaz: eu escrevo.

Todo mundo diz:

– Você tem de colocar para fora tudo aquilo que sente.

No meu caso, é colocar tudo no papel.

Então desenvolvi o hábito de registar as minhas amarguras, frustrações, tristezas, mas também minhas alegrias.

Sabe quando você está puto da vida com alguém e está prestes a agredi-lo? Então... Nesse momento eu escrevo. Só para mim. Assim, por meio das palavras digo tudo que quero dizer; e é esse processo terapêutico que torna minha vida mais equilibrada e, com certeza, evita com que eu entre em vários conflitos.

Tipo assim: hoje vou mandar um e-mail para este sacana, mas na hora de dar o *send*, reflito e reescrevo de uma forma melhor. É isso que eu faço. Tem horas que publico algo aqui ou ali numa rede social, uma alegria pessoal ou a tristeza por perder um amigo. Mas, a grande maioria eu guardo só para mim mesmo.

Só que quando percebi tinha um montão de coisa escrita, e confesso que outro montão armazenado apenas em meus pensamentos. Guardados ali na minha mente, esperando apenas o motivo certo para serem expressos.

Assim resolvi juntar toda essa minha experiência como espectador dessa doença.

Porém, antes de mais nada, preciso alinhar algumas coisas com você que resolveu dedicar algum tempo a esse conteúdo. Vou abordar a minha experiência pessoal com a endometriose, mas sem a pretensão de dizer o que é certo ou errado; apenas vou contar como eu me relaciono com ela.

Outra coisa que você precisa saber é que esse assunto, por si só, já é cheio de tabus, e alguns trechos podem deixar arregalados aqueles olhos mais pudicos e, com certeza, de cabelo em pé alguns amigos e familiares mais conservadores. Por isso já vou logo me desculpando, porém mais do que fundamental, acho que é necessário abordar esses temas de forma aberta e transparente.

Por fim, não tenho aqui a pretensão de transformar minhas palavras em autoajuda, muito menos nestes *gurusismos* que comumente vemos hoje em dia nas redes sociais. Mas como se trata da minha experiência, não consigo desassociá-la da minha realidade, dos meus valores, das minhas convicções e também da minha fé, por isso afirmo aqui que também não tenho a pretensão de converter ninguém.

Meu objetivo aqui é contar a nossa história e, de certa forma, me conectar com as milhões de mulheres acometidas por essa doença terrível. Contudo, não só com elas, mas também com seus pais, familiares, amigos, filhos e principalmente seus companheiros. E, mesmo que por um instante, poder te dizer: eu te entendo! Eu sei o que você está passando!

E se de algum modo eu ainda ajudar alguém a conviver melhor com essa doença terrível, serei eternamente grato.

UM CONTO DE FADAS

Sou o caçula de quatro irmãos. À primeira vista, você pode me julgar por aquele "protegidinho" da mamãe, o que de fato não foi verdade, primeiro por minha mãe não ter lá esse perfil. Minha mãe é paranaense! Quem tem intimidade com essa turma já sabe o que isso significa. Se só isto não bastasse, minha mãe ainda teve uma vida muito sofrida. Com mais sete irmãos, perdeu o pai com 12 anos de idade e viu a luta da minha avó para garantir o sustento da família e que, como de costume a sua época, casou-se muito cedo e também muito cedo, antes dos vinte anos, foi mãe pela primeira vez – e, pasmem, antes dos trinta já tinha quatro filhos. Algo inimaginável para uma família de classe média nos dias de hoje.

Uma mulher que encarou as aventuras do meu pai, como ela própria diz, sem muita "opinião". Nos moldes da tradicional família católica do final do século passado.

Diante desse cenário, já dá para vocês entenderem qual era o ritmo que a banda tocava lá em casa. Não era um lar dos mais meigos e tínhamos uma forma bem peculiar de amar.

Soma-se a isso o fato de eu não ser fruto daquela tida gravidez desejada. No dito popular, eu sou aquela "raspa do tacho" ou aquele "escorregão". Mas em nenhum momento posso dizer que isso me prejudicou ou que me traumatizou de alguma forma, pelo contrário, sempre me empurrou pra frente.

O lado meigo da família vinha do meu pai, da minha referência masculina. Infelizmente, o perdi muito cedo e de forma trágica, num acidente de carro por volta dos meus 20 anos. Às vezes, me pego pensando como seria minha vida com ele por aqui.

Meu pai, como minha mãe gosta de descrever, era um sonhador, e talvez esse seja o fato que mais me distancia e também o que mais me aproxima dela. Acredito que ela veja em mim aquilo que mais a irritava no meu pai, mas também o que ela mais amava.

Não foram poucas as vezes em que tive de dizer a ela que eu não sou meu pai.

Meu pai era vendedor, mas numa época sem celulares e muito menos internet, fato que durante a minha primeira infância me privou da sua presença, já que ele passava a semana por estas estradas da vida "batendo a mala". "Bater a mala" era a definição que sempre ouvia da turma da velha guarda das vendas, para a atividade de realizar as visitas periódicas aos clientes. Já que todo bom vendedor carregava aquela mala cheia de catálogos dos produtos que pretendia oferecer.

Então, nesse período determinante da minha vida, durante a construção das minhas principais memórias emocionais, o convívio com a minha mãe era quase que exclusivo. Quase, pois ela estava sempre a toda administrando uma casa e todos os seus afazeres, com dois adolescentes e duas crianças. A diferença de idade e, por consequência, as necessidades entre mim e meus irmãos geravam essa tensão constante no lar. Lar este que ela lutava bravamente de forma solitária para manter a ordem. E, diga-se de passagem, conseguiu com muito sucesso, olhando hoje os adultos nos quais nos tornamos.

Como meus irmãos já estavam na escola e eu tinha ali meus quatro ou cinco anos, ficava esse período sozinho com minha mãe, escutando suas lamentações, lamúrias e decepções do seu casamento, seguidas das recomendações de como eu deveria cuidar da minha futura esposa. Quase que como um mantra ela repetia o tempo todo:

– Quando você tiver sua mulher, você deve ouvi-la, você deve respeitar a opinião dela, você deve ter paciência com ela, você deve....

Vocês podem imaginar o impacto que isso teve em minha formação pessoal e no meu entendimento do que é verdade.

Assim, sem nenhuma intenção clara ou didática apurada, ela foi moldando o meu olhar para o universo feminino.

Com o passar do tempo, meu pai tornou-se mais presente e a dinâmica da minha casa ganhou outro ritmo. Nesse período, já mais próximo da puberdade, comecei a me atentar mais na forma de como ele lidava com minha mãe. A forma como ele quebrava um ciclo de raiva de forma meiga e divertida; a forma como ele conseguia fazer minha mãe se acalmar mesmo diante de uma situação estressante, ouvindo todas as queixas e lamentações com toda a paciência do mundo.

Isso tudo, somado ao fato de que eu sou um "escorregão", contribuiu para a formação do meu caráter e da minha forma de ver a vida.

O fato de ser o filho caçula me influenciou numa certa precocidade, pois eu estava sempre ali, correndo para chamar a atenção de todos. Sim, porque quando você não é a primeira filha, nem o primeiro filho, nem o caçula ideal, você já não é mais aquela novidade toda. Então, de forma inconsciente, para ter atenção eu tive de correr atrás.

Me propor a fazer mais e mais rápido do que meus irmãos. Isso ao longo da minha vida foi muito bom, mas na minha pré--adolescência foi extremamente perigoso.

Desta forma, eu namorei muito cedo, com meninas bem mais velhas do que eu. Frequentei a noite muito cedo, com caras também bem mais velhos do que eu. E, claro, tive acesso às drogas muito cedo e a experiências que só de imaginar meus filhos hoje, com a mesma idade e nas mesmas situações, já me dão um arrepio na espinha.

Por isso que hoje aqui em casa, temos como premissa a conversa. Conversamos com os meninos sobre tudo e não há assunto sem resposta. Quero que eles cresçam com a segurança que estamos por aqui a qualquer momento, para que eles possam brilhar mundo afora.

A parte boa é que também ainda muito cedo eu percebi que isso não ia acabar bem, me vi em alguns caras mais velhos e entendi que não queria aquilo para mim.

E assim, aos 16 anos eu já estava cansado de ser o *bad boy* e queria arrumar uma namorada de verdade, dessas que você traz para almoçar em casa no domingo.

Nessa idade, acredito que 50% do meu mundo se resumia à escola, sendo que poucos anos antes esse percentual deveria ser de quase 80%.

Diante disso, as meninas da minha idade se dividiam em dois grupos: aquelas meninas que já tinham "ficado" comigo e as amigas das meninas que tinham "ficado" comigo. Em comum entre os grupos era o ódio e o desprezo pela minha pessoa, e o fato delas não me levarem nenhum pouco a sério. Não vou mentir que elas tinham lá seus motivos.

Diante desse cenário de escassez e imbuído do objetivo de encontrar uma namorada de verdade, fiz o que todo garoto dessa idade faz: procurei as garotas mais novas.

E foi assim que eu coloquei os olhos pela primeira vez numa menina do time de vôlei da escola; claro que uns dois ou três anos mais nova que eu, mas ela era linda.

Ela era alta, quase do meu tamanho. Não à toa a melhor jogadora do time. Tinha um rosto de menininha, bem delicado, contornado por um cabelo castanho-claro, tipo *Chanel*, bem liso e na altura do ombro.

Era evidente que o esporte tinha contribuído para esculpir um corpo bem torneado, de pernas fortes e com uma bunda... Nossa Senhora, que bunda! Daquelas que não passam despercebidas numa bermuda de Lycra®.

Lembro de ter falado para os meus amigos, quando ela saiu da escola e passou pela gente depois de um treino:

– Cara, essa menina até que é linda, hein!?

Logo já dei meu jeito para saber mais sobre ela e de como poderia me aproximar.

Na escola eu era um cara articulado, longe de ser bom aluno – até porque a escola nunca fez tanto sentido para mim –, mas além de ser o goleiro do time de futsal do colégio, eu era membro do Grêmio Estudantil.

Não sei se isso existe ainda, mas no passado os Grêmios Estudantis tiveram um papel importante na luta pela democracia. No primeiro *impeachment* do Brasil e na minha época, além do papel político e de intermediação entre os alunos e a direção da escola, nós realizávamos as atividades de integração entre os estudantes.

Então eu era o cara que estava ali, participando da organização dos campeonatos interclasses, competindo com o time contra as outras escolas, mas principalmente fazendo os eventos.

Dentre outras festas, tínhamos o concurso Garoto e Garota, que escolhia o casal de alunos mais bonitos da escola, para depois participar do concurso que elegeria o casal mais bonito da cidade; coisa do interior.

Claro que ela iria representar a sala dela e claro que eu vi ali a oportunidade de conhecê-la melhor durante os ensaios e no bate-papo que rolava logo depois, sempre na frente da casa de um dos colegas da turma.

O concurso já era meio manjado, já que os jurados eram os diretores de uma agência de modelos da cidade e o casal eleito já era meio carta marcada. Mas não importava, a festa que rolava na final do concurso era tudo que um menino da minha idade queria na vida. Coisas que não vemos mais nos tempos de *directs no Insta* em que vivemos hoje.

Pense numa boate gigante, cujo evento principal era o desfile dos casais mais bonitos de todas as escolas da cidade, sendo que o público presente era formado por todos os outros casais participantes do concurso, também escolhidos como os mais bonitos das suas salas. Ou seja, só tinha gente bonita lá!

Como participante do concurso, ela foi convidada, e foi nessa festa que roubei o nosso primeiro beijo.

Depois de ter aprontado poucas e boas na festa, até porque até ali ainda não tinha arrumado minha namorada, vi que ela estava indo embora e naquela típica cena clichê, perguntei:

– Ei, você não vai me dar um beijo antes de ir embora?

Só que na hora que ela foi beijar minha bochecha eu virei o rosto e roubei um selinho. Bem coisa de menino mesmo.

Já que a reação dela foi um sorriso lindo e não um tapa na minha cara, percebi que tinha uma chance ali. E foi assim que começamos a nos aproximar.

Só que eu tinha 16 e ela tinha 13 anos. Hoje na nossa vida essa diferença pouco importa, mas na época era um abismo.

Eu era uma cara no auge da adolescência, com os hormônios gritando dentro de mim; e ela era uma menina, começando uma transição, que tinha tido sua primeira menstruação há apenas dois ou três anos.

Mesmo assim, e com muita paciência da minha parte, já que o primeiro beijo valendo demorou uma semana para acontecer e quando eu a pedi em namoro ela, num misto de timidez, vergonha e medo, topou.

E, acreditem, seguimos assim namorando "firme" até hoje; e desde então eu nunca mais beijei outra mulher.

Sim, eu sou o primeiro e único namorado dela.

Apenas não foi seu primeiro beijo, pois existiu um tal de Jorge antes. Um cara que eu não gostava sem ao menos ter conhecido, coisa de menino inseguro diante do primeiro amor. Porém, tempos depois rimos muito desse sujeito; quando ela me contou que o tal do Jorge era um namorado imaginário que ela tinha inventado só para me dizer que eu não era o primeiro. Sempre me perguntei por que ela escolheu esse nome.

Jorge? De onde ela tirou isso? Sei lá, uma coisa que aprendi nessa vida é que tem perguntas que é melhor você não fazer.

A lembrança principal que carrego desse início da nossa história é uma carência. Não sei se pela forma como a família dela estava estruturada, não sei se por alguns dos traumas que ela carregava no passado.

Já que além de outras coisas, descobri que ela havia sofrido a descarga elétrica de um raio. Isso mesmo, você não leu errado. Um raio atingiu a casa da fazenda, que não tinha para-raios, e ela serviu de fio terra. Ela ficou mais de uma semana na UTI; mas sobreviveu, tipo milagre mesmo. Somente essa história acredito que já daria um livro.

Contudo, o que de fato aconteceu, logo após os primeiros dias de namoro, foi que ela não só passou a almoçar na minha casa aos domingos como idealizei, mas virou presença constante em todos os eventos familiares. Parecia que não era apenas o tempo comigo que a deixava feliz, mas participar da rotina da minha casa meio que fazia sentido na cabeça dela, completava o kit.

Minha casa tinha um ritmo bem tradicional até a morte do meu pai. Meu pai fundou uma empresa e a maioria de nós trabalhava por lá. Todos com seus afazeres na semana, mas sempre um ajudando o outro. Sempre correndo para pegar um sobrinho na escola, levar alguém em algum lugar e claro aquele almoço de domingo, com todos os filhos, agregados, vizinhos e crianças correndo ao redor da mesa. Algo bem diferente da realidade que ela tinha vivenciado até ali.

A relação familiar dela era mais distante, para não dizer confusa. Meus sogros tinham uma fazenda em outra cidade e a ausência era constante, já que eles estavam sempre envolvidos com os afazeres da "roça", como a propriedade é chamada até hoje. Ela também tinha 3 irmãos, mas no caso ela era a última das filhas, sendo o meu cunhado o último da prole e o único filho daquela casa.

E como vocês bem sabem, meus amigos, mulher é um bicho competitivo. Assim, na maior parte do tempo, a casa era tocada pelas minhas cunhadas, que convenhamos, estavam mais preocupadas com as suas próprias vidas do que cuidar de uma menina de 13 e um menino de 11 anos. Até porque elas eram muito jovens também, minha cunhada mais velha na época não deveria ter uns 20 anos.

Logo, a responsabilidade de administrar a casa passou para a gente, e eu nem sei o porquê. Me recordo de umas cenas bem doidas. Em uma delas eu e ela, bem jovens, fazíamos as compras da casa no supermercado e uma senhora não tirava os olhos da gente. Achei aquilo bem estranho, mas continuamos ali entre latas de óleo e pacotes de arroz. Até que a senhora não se aguentou, veio até a gente e disparou com uma cara cheia de espanto:

– Vocês já estão casados?

Nessa época eu deveria ter uns 18 anos e ela, uns quinze.

Ver o ambiente peculiar em que ela vivia me fez entender que cada lar é diferente um do outro.

E o contraste de ver a alegria dela ao meu lado, feliz em tudo que fazíamos juntos, fez nascer dentro de mim um sentimento diferente, algo que nunca havia experimentado. Eu olhava para aquela menina e pensava: eu vou cuidar de você!

Muitos anos depois fui aprender que o amor nasce do cuidado, e não da paixão.

Desde o começo do namoro fazíamos tudo juntos; difícil imaginar isso com 16 anos de idade, mas era aquela cena de novela. Como minha casa era um pouco mais distante, eu ia de bicicleta, deixava-a na casa dela e íamos juntos a pé e de mãos dadas para a escola.

Não víamos a hora do intervalo chegar para nos vermos novamente e podermos ficar conversando, para depois esperar o sino da saída tocar e eu levá-la para casa, assim só nós dois. Juntos, uma cena que se repetiu por dias, meses, anos e décadas, em locais e situações diferentes, mas sempre assim, apenas nós dois e juntos.

Sempre conversamos muito, e naquela época não era diferente. Falávamos sobre tudo, sobre os sonhos dela, sobre os meus também. Falávamos das relações com nossas famílias, sobre o que achávamos certo e errado na vida e nas pessoas, sobre problemas bobos de adolescentes.

E sempre sobre o sonho que ela tinha de ser mãe. Dois capetinhas, como ela gostava de dizer de forma divertida, mas sempre com a repreensão da minha mãe.

– Olha o que você pede menina –, dizia ela.

Era muito legal ver aquela menina toda tímida, desabrochando e enxergando a vida e as infinitas possibilidades que ela poderia ter.

E, por falar em desabrochar, claro que não era só conversa e mãozinha dada. A tal química veio junto e ela sempre foi bem quente, como os hormônios pediam. E de forma irresponsável também fomos experimentando o prazer de descobrir os nossos corpos.

Como qualquer menina, criada numa sociedade hipócrita e conservadora, estávamos ali expostos não só à vergonha de sermos pegos no flagra, já que a gente não escolhia lugar, qualquer um servia; mas ao mais grave, que seria uma gravidez indesejada na adolescência e suas consequências. Então foi assim que decidimos ir ao ginecologista pela primeira vez.

Sim, ela foi ao ginecologista pela primeira vez comigo. Claro que fiquei no carro do lado de fora da clínica esperando, porém, convenhamos, não está certo uma menina de 15 anos ir ao médico pela primeira vez com o namorado de 18.

Isso é uma obrigação dos pais; reparem que eu não disse das mães. Deve ser um trabalho conjunto, até porque a maioria das dúvidas que ela terá será sobre os meninos, e ninguém é melhor para responder sobre o tema senão o pai.

Vejo muitos amigos constrangidos só de ouvir falar do tema, ficando doidos em imaginar suas princesas com um menino, e fogem da conversa.

Eu tenho uma regra básica: se perguntou é porque está com dúvida, então tenho que me esforçar para dar a resposta mais clara, transparente e entendível possível, para que não impere a dúvida.

O problema é que – e vamos ser sinceros aqui – será que essa situação mudou? Infelizmente eu creio que não. Acredito que a sexualidade feminina ainda é um tabu em todas as famílias e se manifesta gravemente na forma como a endometriose é encarada pela sociedade. O pior é ainda ver esse problema se intensificar nas classes mais pobres. Se nossas meninas ainda não encontram ouvidos para as dúvidas sobre seu corpo, sua sexualidade, sua saúde, imaginem no trato de uma doença como a endometriose.

Nunca me esqueço da imagem dela voltando para o carro, com a maior cara de decepção do mundo.

– E aí, como foi? O que a médica disse?

Então veio aquela resposta:

– Não fiquei 20 minutos na sala e ela me receitou esse remédio aqui.

O remédio em questão claro que era um anticoncepcional qualquer.

– Mas espera aí, ela não falou nada?

– Não, falou para tomar cuidado e voltar para ver os resultados dos exames.

– Mas esse remédio aí, é o melhor para você? Não vai te fazer mal?

– Não sei, acho que não. É o que todas as meninas que eu conheço tomam.

Uma menina de 15 anos entra sozinha num consultório ginecológico pela primeira vez, dizendo que tinha começado a sua vida sexual e é esse o resultado. A médica se quer perguntou:

– Cadê seus pais?

Será que elas merecem ser vistas assim pela classe médica? Pacientes antes de seres humanos? Acredito que não. Elas precisam, antes de tudo, é serem vistas como mulheres! Na minha opinião, médicos precisam tratar as pessoas, e não as doenças. Mas será que isso mudou nos últimos anos? Fica a dúvida. Rezo para que sim.

Depois disso, claro que foi aquele *rock and roll*, já que o risco da gravidez tinha sido minimizado, mas não se engane, não foi só alegria. Os efeitos dos hormônios no corpo dela eram evidentes, por isso passamos a conviver a cada novo ciclo menstrual com um período de dores limitantes.

Foi aí que comecei a ouvir a frase:

– Hoje não vai dar, estou com muita cólica.

Só que o não vai dar em questão era para qualquer coisa. Vamos sair? Vamos ao cinema? Vamos fazer aquele sexo gostoso?

– Não! Hoje não vai dar, estou com muita cólica.

Perdi a conta de quantas vezes ouvi isso na vida, e é bem provável que você que está lendo esse livro também.

Quando ela fez 18 anos ficamos noivos, pedi ela em casamento para minha sogra, pois meu sogro estava na roça!

Passamos por poucas e boas antes disso, mas faz parte.

Eu fui para faculdade e ela também.

Era ela que estava lá comigo quando meu pai faleceu. Foi ela que juntou os meus cacos. E não só os meus, mas também os da minha mãe. Dói lembrar da cena da minha mãe abraçada ao travesseiro do meu pai.

– Por quê? –, minha mãe perguntava chorando.

Só Deus sabe quanto sofrimento o trauma da perda do pai trouxe para minha família. Nunca mais fomos os mesmos. Aprendi ali o efeito transformador, tanto para o bem quanto para o mal, que o sofrimento tem sobre as nossas vidas e nas vidas daqueles que mais amamos.

Depois que me formei decidi deixar a empresa da família, correr atrás dos meus sonhos e me mudar para a capital de São Paulo.

Foi um outro grande trauma para todos, principalmente para minha mãe, mas eu sabia que era o melhor a fazer. E de fato isso se comprovou depois, já que estar em São Paulo nos deu acesso ao melhor que a medicina poderia nos oferecer.

Assim ficamos distantes por um tempo. Uma tortura para quem não se desgrudava. Imagine a conta do telefone. Eu não via a hora de pegar a estrada na sexta à noite para ir para casa. Decorei o trecho Bandeirantes-Anhanguera rumo a Ribeirão Preto, de tantas vezes que o percorri.

Para ela, o lado bom foi cair de cabeça nos estudos e se dedicar ao curso de Medicina Veterinária, tornando-se uma das melhores da turma, senão a melhor. Fato que ia me tirar a paciência mais para frente, mas tudo bem.

Quando ela fez 23 anos nos casamos, e foi lindo!

Como minha mãe gostava de dizer sobre a minha pessoa:

– Esse gosta de inventar moda!

Dizem que as palavras das mães são proféticas.

Não só gosto, como fiz do exercício da criatividade minha profissão, e no meu casamento não seria diferente.

Decidimos nos casar na Catedral Metropolitana de Ribeirão Preto, digna dos Barões do Café do século 19, período mais rico da chamada Califórnia Brasileira. É uma das igrejas mais lindas que eu conheço, num estilo neogótico, com vitrais lindos, pinturas realistas no teto e um altar de cair o queixo.

Foi dali que a vi entrar pela nave da igreja, linda como sempre, num vestido tomara que caia, cheia de bordados no peito. Deslumbrante. E na minha cabeça se repetia o pensamento: que cara de sorte eu sou! Depois soube que o estilista da peça a convidaria para uma sessão de fotos em seu ateliê, de tão impressionado com a beleza da noiva; então não ache que é exagero meu.

Ela segurou o choro durante toda a cerimônia, que foi minimamente roteirizada por mim, com todo time de produção disponível, isso muito antes de existir a indústria de casamentos dos dias de hoje.

E enquanto eu me acabava de chorar e limitava muito o trabalho do fotógrafo, ela esbanjava um sorriso que iluminava a igreja.

Sem planejar muito a data, acabamos por nos casar no dia de São Pedro; e mesmo com todo meu empenho, o momento mais lindo da cerimônia ficou por conta do improviso do Padre:

– Hoje a igreja celebra a festa de São Pedro, foi sobre esta rocha que Deus fundou sua igreja e sobre ela vocês irão construir a sua casa –, disse ele ao terminar a homilia e seguir com a tradicional bênção dos noivos.

Lindo, não?

Só no final ela baixou a guarda, até porque sua avó, que teria papel de destaque na cerimônia, havia falecido dias antes do casamento. Foi uma barra, até porque nos últimos anos dela, nós tínhamos criado uma relação muito gostosa com a velhinha e ela realmente gostava de mim.

Somente um ano depois de casados e com mais nove outros anos de namoro, agora com o diploma de Médica Veterinária nas mãos, finalmente conseguimos morar definitivamente juntos em São Paulo.

Uma vida nova, na capital, com infinitas oportunidades pela frente.

Tinha tudo para ser um conto de fadas.

ESTRAGA PRAZER

O que não contei para vocês no capítulo anterior foi que, alguns meses depois de casados e antes de morarmos juntos em São Paulo, me aventurei num projeto no Recife e morei alguns meses por lá. Foi uma experiência incrível. Fiz grandes amigos, aprendi demais e descobri que o Brasil era muito maior do que as minhas limitadas referências.

Que lugar, que povo! E que energia! Se você nunca ouviu *in loco* o Maracatu no Recife Antigo, você não deve morrer antes de ouvi-lo. É demais! Somos apaixonados por essa terra, tanto que quase ficamos por lá. Foi por muito pouco mesmo, acho que dias, mas isso é uma outra história.

Quando eu estava por lá, claro que ao invés de voltar para casa na minha folga, foi ela que foi me visitar e aproveitar para conhecer a capital de Pernambuco. Menina empoderada, fez tudo sozinha, organizou sua viagem e encarou logo duas conexões em sua primeira viagem de avião. Fui buscá-la no aeroporto e partir para um roteiro turístico muito bem elaborado pelos meus amigos locais, mas não sem antes perdemos umas horinhas juntos no hotel.

O primeiro evento foi um jantar em Olinda, num restaurante renomado no alto da ladeira, com uma vista linda do Recife, iluminada por uma Lua que parece ter um brilho especial sobre aquela cidade.

Quando veio o menu, eu, municiado pelas dicas dos meus amigos, banquei o esnobe e escolhi um peixe ao molho de maracujá, receita especial do chefe da casa, que estava bem na moda na época. Ela sempre adorou a fruta, não tinha como dar errado.

Olhando ela, naquele lugar, com aquela vista, o pensamento que me vinha à mente era: hoje será uma noite inesquecível!

O que de fato foi, já que ela passou a noite no banheiro com vômito e diarreia.

Até hoje ela não pode ouvir falar nessa combinação: peixe com maracujá. E eu sempre faço a brincadeira:

– Deveria ter levado você no McDonalds® que não daria nada errado.

A viagem seguiu com todas as experiências possíveis e impactantes, com direito, entre outras coisas, a mergulhar em Porto de Galinhas, conhecer os sensacionais museus dos Brennand e, já que era o feriado da Páscoa, assistir ao espetáculo "A paixão de Cristo de Nova Jerusalém". É incrível imaginar uma apresentação daquelas no meio da caatinga nordestina. Foi maravilhoso!

Tinha tudo para apagar o início traumático se não fosse um caldinho de feijão no almoço antes da volta, uma tradição local. Nem preciso mencionar qual foi o assento dela no voo Recife-Ribeirão Preto. Para quem não entendeu, foram mais de 3 horas, com direito a turbulência, no banheiro do avião e ainda sozinha. Inesquecível, com certeza.

– Não foi nada demais, você não deve estar acostumada ao tempero daqui –, disse eu.

Mas na realidade pensei: se comemos as mesmas coisas e só ela passou mal, por que será?

Já morando em São Paulo, as coisas iam muito bem e decidimos adiar o sonho da maternidade para curtir este momento de recém-casados.

Ainda muito jovem tinha alcançado uma posição de destaque na profissão, como minha precocidade sempre pediu. E ela fazia jus ao esforço da faculdade. Rapidamente conseguiu fazer estágio no hospital veterinário mais respeitado da Capital e já na sequência estava atendendo em uma clínica no bairro de Moema; mesmo que lidando com um conflito interno monstruoso, entre aptidões técnico-científicas, pelas quais ela sempre buscava reconhecimento e a acolhida humanizada das pessoas, fruto de um talento natural.

É impressionante como ela tem facilidade para atrair as pessoas e acolhê-las. Mesmo àquelas mais fechadas, em dois minutos de prosa, já se conectam com ela e vão abrindo seus corações; é um dom que mesmo sem planejar ela exerce até hoje. Então a euforia dos casos era interrompida pelas longas horas de conversas com os velhinhos aposentados do bairro. Meio que tratava dos PETs e dos tutores ao mesmo tempo.

E uma das coisas mais legais dessa nossa fase eram as conversas antes do jantar.

– Como foi o seu dia? –, ela sempre perguntava isso.

E assim a distância entre os nossos mundos ficava evidente. Não apenas no que diz respeito às nossas atividades diárias, mas muito pela diferença entre os mundos masculino e feminino.

Mesmo tento passado o dia envolto com reuniões com o *board* das maiores empresas do Brasil, sempre respondia:

– Foi legal.

E somente isso. De modo geral, tudo que um homem não quer é reviver as memórias do seu dia. E ela, por sua vez, não se limitava em me descrever em detalhes os procedimentos cirúrgicos executados nos pequenos animais atendidos naquela tarde.

Lembro de um dia que cheguei muito cansado. Tinha passado o dia todo discutindo com a diretoria de uma gigante automobilística, de como seria a participação da marca no Grande Prêmio Brasil de Fórmula 1; e ela chegou eufórica, me contando em detalhes o caso de um cão que tinha chegado à clínica com o olho pendurado, pois tinha sido atacado por outro cão, e de todos os procedimentos que ela havia executado para colocar o olho do PET no lugar. Não preciso nem mencionar que pulei o jantar naquela data.

Mas ao mesmo tempo era muito legal ouvir ela falar sobre assuntos distantes do meu dia a dia; ficava imaginando os casais de amigos que tinham a mesma profissão ou, pior, que trabalhavam juntos. Deve ser barra ficar carregando o trabalho para casa o tempo todo, eu me sentia um cara abençoado.

Outra coisa legal era ter a nossa casa, nosso quarto e principalmente a nossa cama.

Cama esta que fizemos questão de ser enorme!

Ela estava no auge da sexualidade e da performance atlética, tinha descoberto umas tais aulas de circo. Amigo, ficou com o corpo trincado, adjetivo comum dentro das academias para aqueles indivíduos que alcançam um resultado visível na definição do corpo.

Parecia que tudo ia bem. Jovens e saudáveis. Reconhecimento profissional e financeiro. Morando numa das maiores cidades do mundo. Nos permitindo acessar experiências que jamais imaginaríamos na nossa vida caipira da adolescência.

Quem conhece a capital paulista sabe que uma parcela representativa dessas experiências é a culinária. Sempre há aquele mais empolgado que diz que, em São Paulo, se você quiser comer uma feijoada às três horas da manhã você irá conseguir. Você até pode se perguntar quem tem esse desejo louco de comer feijoada na madruga, mas sim, tem; e não são poucos.

São mais de 12 milhões de pessoas vivendo nessa cidade doida, miscigenada e com uma infinidade de culturas e costumes. Então não é só feijoada, mas comida indiana, judaica, japonesa, tailandesa e as nacionais também. Não faltam opções tradicionais de comidas mineiras, baianas e por aí vai. Facilmente você irá encontrar um típico boteco carioca em plena Vila Madalena.

E eu que cresci do lado de um fogão, acompanhando minha mãe, me propus a me esbaldar nessas infinitas possibilidades. Frequentemente estávamos ali, aceitando as indicações dos amigos e nos deliciando pelos bares e restaurantes na Terra da Garoa. Porém, nessa época começamos a nos deparar com frequentes queixas de problemas gastrointestinais. Períodos alternados entre constipações extremas e diarreias frequentes.

Comecei a ouvir de forma constante a comemoração mais estranha do mundo:

– Ainda bem que hoje eu tive uma dor de barriga daquelas.

Quando não era verbalizada em desejo:

– Nossa, eu preciso muito de uma dor de barriga daquelas!

E eu pensava comigo: será que é muito desejar apenas fazer cocô como uma pessoa normal? O que aprendi mais tarde foi que sim, era muito.

O que todo mundo pensa numa situação dessas é, claro, a comida é que fez mal.

Não preciso dizer para vocês como isso estragava qualquer programa. Começamos a limitar todos os nossos passeios, sempre tentando imaginar aquilo que não faria mal a ela, ou pelo menos, que faria menos mal.

E isso é bem chato e frustrante, como vocês podem imaginar. Porque você está ali, pronto para viver a vida, e parece que tem alguém sempre te impedindo de ir em frente.

Essas complicações despertaram algo que nunca tínhamos vivido como casal. Uma certa hipocrisia, logo transvertida em mentira.

Ela fazendo um esforço gigantesco para dizer que estava bem e querer me agradar.

– Vamos sim neste restaurante, você gosta tanto.

Aí a gente pedia os pratos. Ela fingia que comia algo e que tinha gostado muito, para depois em casa não aguentar de passar mal. E eu do meu lado fazendo um esforço gigantesco para dizer que aquilo não me incomodava.

– Que isso! Não vamos ao churrasco do fulano, não; eu nem gosto do papo daquela turma.

E ficávamos em casa curtindo uma fossa a dois.

Só que tudo isso era elevado à décima potência quando íamos viajar. Aquela euforia do planejamento e da preparação logo era minimizada pela frustração nas primeiras horas no destino final.

Certa vez decidimos conhecer Buenos Aires, um roteiro especialmente romântico, com várias dicas de amigos experientes na noite portenha. Era nossa Lua de Mel adiada por 5 anos, já que não tivemos tempo e muito menos grana na época do nosso casamento.

Logo que chegamos tivemos uma grata surpresa. O hotel estava lotado e ganhamos um *upgrade* para uma Suíte Master. Dá pra acreditar? Não é todo dia que isso acontece. Pensei comigo: essa viagem promete!

Era um hotel todo moderno, daqueles que servem *champagne* no café da manhã. O quarto era enorme e de brinde uma banheira daquelas de cinema. Na primeira noite fomos jantar no Faena, e como o restaurante principal estava cheio optamos por ficar num bistrô menor anexo. E foi a melhor decisão.

Foi uma experiência incrível. O lugar era apertadinho, com uma decoração toda inusitada, com umas cabeças de unicórnios na parede, um piano de cauda lindo, no qual um músico esbanjava seu talento tocando músicas melosas e com um metre extremamente empenhado após contarmos a ele que era nossa primeira vez na cidade e que aquela era nossa Lua de Mel. O homem meio que assumiu uma responsabilidade e se viu imbuído em garantir a melhor noite possível àquele jovem casal apaixonado.

Comemos a melhor comida e, claro, acompanhada do melhor vinho. Foi a primeira vez que ela tomou vinho na vida. Foi demais e tudo parecia dar certo.

Na manhã seguinte, continuamos o roteiro com muitas compras, passeios e experiências gastronômicas. Porém, na noite do segundo dia o martírio começou. Ela se contorcendo na cama. E eu pensando em como iria arrumar um médico na Argentina, tendo um jantar com show de tango nos esperando na sequência.

Aquela discussão motivada pela dúvida entre ir ao médico, ficar no hotel ou ir ao jantar se acalorou e ficamos ali estragando o passeio numa cena tensa de egoísmos e hipocrisia. Claro que ela fez um esforço tremendo para me agradar e fomos ao tal jantar, mas a viagem acabou ali. E o esforço para voltar para casa já estava no limite da resistência humana.

Quando o funcionário da companhia aérea cogitou um *overbooking*, quase houve um assassinato no Aeroporto Internacional de Ezeiza. Acredito que o rapaz arrumou os assentos bem rapidinho, na hora em que ele viu o ódio nos olhos dela.

Em função da profissão, sempre estive envolvido com grandes marcas e eventos. Certa vez fui convidado por um amigo produtor de eventos para ir ao Festival de Verão de Salvador. Era o final dos anos 2000, a cantora Ivete Sangalo estava no auge do sucesso e minha esposa era muito fã da artista baiana.

Era um esquema super, mega VIP. Perdi a conta da quantidade de pulseirinhas no braço, já que cada uma delas dava acesso a um nível diferente naquela megaestrutura do evento.

Ficamos na coxia, bem próximos aos artistas e, claro, ela foi tirar aquela tradicional foto no camarim da famosa, porém rodeada de um zilhão de outros fãs e seguranças. Mas, tudo bem, eu estava radiante em poder proporcionar esta felicidade para ela. Foi uma experiência incrível com shows de nossas bandas prediletas. Passaram pelo palco naquela noite Capital Inicial, Chiclete com Banana e conhecemos ali os Aviões do Forró, que ela adorou. Já quase pela manhã voltamos para o hotel na capital baiana.

Perdemos o café da manhã do hotel, pois acordamos tarde como era de se esperar. Quando saí para procurar algo para comer, meu telefone tocou. Era meu amigo produtor me convidando para uma feijoada na casa de um dos sócios do Festival. Tratava-se daquele *petit comité*, com algumas das pessoas mais influentes do país, das marcas patrocinadoras e ainda de quebra com alguns dos artistas participantes do evento. Aquela oportunidade que um jovem de negócios nem pensa duas vezes. Na minha cabeça já era: estou dentro!

Entrei no quarto do hotel para falar com ela, todo eufórico, e me deparo com aquela cena deprimente. Ela em posição fetal, deitada na cama, gemendo de dor. E eu pensava: não pode ser verdade, isso vai acontecer de novo, justo agora? Quando liguei para meu amigo dizendo que não poderia ir, ele não acreditou.

– Cara, como você vai perder uma oportunidade dessa?

E ao fundo eu ouvia ela pedir para eu ir sozinho. E meu amigo repetia algo do tipo:

– Você faz ideia de como isso é importante para sua carreira?

Mas como vou deixar minha mulher ali, naquela situação, e ter cabeça para falar de negócios com um monte de caras que eu nem conheço direito.

Não vou mentir que diante dessa situação e em outras tantas situações similares eu senti muita raiva dela. E ela, por sua vez, também. Raiva de si mesma. Como ela poderia me atrapalhar tanto? São sentimentos muito ruins para se manter dentro do peito.

Essa viagem foi concluída com outros passeios de caras amarradas, mas não foi a pior delas.

Meu pai era um congregador, adorava reunir todos ao seu redor. Embora não fossemos ricos, longe disso, na verdade, mas minha casa sempre vivia cheia. Era lá que as coisas aconteciam.

Eu e meus irmãos sempre nos esforçarmos para criar situações de convívio familiar, para tentarmos resgatar um pouco desses momentos legais que tivemos juntos até a morte do meu pai.

Muita das vezes passava-se da conta e tínhamos aquela forçada de barra, mas na maioria delas tentamos fazer o esforço do convívio; muito mais pela minha mãe do que por outra coisa, ainda que na maioria das vezes isso representasse um esforço gigantesco por parte da minha mulher.

Certa vez fomos para Ubatuba, no litoral paulista. Ficamos num *resort* bem legal, bem pertinho da praia. Estávamos nós, minha mãe, meus irmãos e suas famílias.

Tudo ia bem, muitas brincadeiras com os sobrinhos na piscina, caminhadas até a praia, até que novamente a viagem foi interrompida por um episódio de dor. Ao ponto de num primeiro momento cancelarmos alguns passeios em conjunto com as famílias, até termos de abrir mão da viagem no meio da estadia e voltarmos para casa.

Imagine o que se passou na cabeça da minha família. Ponha--se um pouquinho no meu lugar.

De modo geral, a maioria das pessoas tende a formar um pensamento bem egocentrista de qualquer relação humana, e ali comecei a ver sinais de cobranças em detrimento a uma expectativa de acolhida que desejávamos de nossas famílias, mediante a tanto sofrimento. Experimentamos o oposto da sensação de acolhida que reinava em minha casa na época do meu pai.

Não os culpo, até porque nem nós sabíamos o que estava acontecendo. Fica muito difícil você analisar qualquer situação de forma sensata sem os elementos necessários para construir um pensamento. No entanto, inevitavelmente vieram as cobranças.

– Vocês mudaram, hein!?

– Foi só ir morar na capital para esquecer da família?

– Estão com o rei na barriga, isso sim!

Era muito chato ter que conviver com todos esses problemas e ainda não conseguir atingir as expectativas das pessoas.

Fiz questão de marcar essas viagens de modo bem específico neste capítulo, embora houvesse várias outras viagens e situações, com objetivo de ilustrar de forma explícita como o sofrimento da minha esposa já me afetava diretamente; seja na minha vida pessoal, profissional ou no convívio com os meus familiares. E eu nem sabia o que ela tinha, muito menos de como poderíamos resolver aquilo.

Essa frustração, essa limitação, essa cobrança, essa situação de impotência, desperta em você vários sentimentos e pensamentos horríveis, os quais eu nunca imaginei ter pela minha esposa, os quais me envergonho até hoje de tê-los tido.

Fruto da limitação pela qual eu enxergava a minha existência.

Fruto da incapacidade de entender o que estava acontecendo.

Fruto da minha ignorância.

4

IGNORÂNCIA

Já vou logo adiantando que talvez este seja o capítulo mais difícil de escrever deste livro. Talvez porque esta seja a fase mais dura e que me causa mais desconforto em reviver. Não que as outras tenham sido fáceis, longe disso, mas esta, em especial, só de lembrar, me dá um nó no estômago.

Aquela expectativa de vida, idealizada em nosso imaginário mundo juvenil, foi logo se desfazendo e dando lugar a uma realidade dura e de muito sofrimento. É um processo extremamente pesado, como se você fosse se obrigando a abrir mão de coisas valiosas ao longo do caminho. Caminho que você não quer passar, rumo a um lugar que você também não quer chegar.

Nem é necessário enfatizar como isso trouxe muito estresse e frustração ao nosso dia a dia. Aos poucos, as dores foram ficando maiores e incapacitantes. E eu não conseguia entender o que acontecia, pois elas traziam também um descontrole emocional absurdo.

Várias vezes nos víamos em batalhas emocionais, nas quais eu me esforçava em buscar alguma racionalidade nas avaliações dos fatos e nas tomadas de decisões. Mas é claro que esse turbilhão de sentimentos resultou em conflitos. E ela brigava com todo mundo: ora com a mãe, ora com as irmãs, ora comigo ou com alguma amiga. Tanto que virou até piada. Na expectativa de quebrar aquele ciclo de raiva sem fim, quando eu chegava em casa eu logo perguntava:

– Com quem você brigou hoje?

Tentava com isso dar uma desarmada na fera, colocar algum sorriso naquele rosto e por algum instante enxergar ali a mulher com quem me casei.

Com tanta raiva dentro de si, não foi apenas o lazer, o entretenimento e o convívio social que foram prejudicados, mas o lado profissional foi atingido em cheio. E de repente ela decidiu parar de trabalhar.

Cara, ela ama a profissão que escolheu. Ama o cheiro de *Cheetos*® nas patas dos cães, como ela diz. Só eu sei o esforço que ela fez para concluir os estudos com louvor e o orgulho que ela tem em vestir aquele jaleco branco para cuidar dos peludos.

E assim os dias começaram a se resumir em consultas e exames sem fim, e a um triste encontro com a realidade.

Ter um convênio médico ou seguro saúde é o sonho de toda a classe média brasileira, aquele item que preenche as nossas necessidades básicas de segurança. Contudo, a tal "medicina de convênio" se mostra de modo perverso, numa relação extremamente hipócrita.

Como o valor por consulta pago pela indústria é extremamente baixo, os "médicos de convênio", de modo geral, criam uma espécie de linha de produção, a fim de organizar os atendimentos e fazer render financeiramente os minutos trabalhados. Sim, minutos. Na maioria das vezes o atendimento não dura mais do que vinte minutos. Sendo que o agendamento de consultas não é possível sem ter, pelo menos, um mês de antecedência.

Lembra que, a algumas páginas atrás, eu disse que ela se formou em Medicina Veterinária? Uma das melhores da turma, senão a melhor? E que isso iria testar minha paciência ao limite?

Então, analisar um exame de imagem, discutir um laudo médico ou a bioquímica do corpo humano era muito simples para ela. Somando-se a essa capacidade a qualidade do atendimento médico que dispúnhamos à época, isso elevou nossa raiva, que já não era pouca, à décima potência.

Acho importante trazer um episódio anterior antes de seguirmos adiante.

Certo dia, quando ainda estava na faculdade, ela passou mal e acelerou a volta para casa. Na descida do ônibus sentiu um puxão na perna e chegando em casa foi com a mãe direto ao médico da família. Eu já estava morando em São Paulo naquela época.

No consultório o médico cravou: é apendicite!

– Vamos ter que operar de urgência. Vá para o hospital e dê entrada pela emergência.

Minha sogra sozinha, pois meu sogro estava na "roça" e eu em São Paulo, se viu aflita com a situação; e chegando ao hospital o caso só piorou. Primeiro com o valor do procedimento, já que a família não tinha plano de saúde, e em segundo lugar com a avaliação do cirurgião, pois o mesmo não estava assim tão confiante no diagnóstico apresentado. Pairou a dúvida: opera ou não opera?

Já que se iria gastar uma generosa quantia em dinheiro para um procedimento, cuja necessidade estava em dúvida, optou-se por não correr o risco e a cirurgia foi feita.

E naquele tradicional papo pós-cirurgia, quando o médico "passa" para falar com os familiares, ficou evidente a dúvida em seu rosto e em suas palavras.

– Não sei realmente se o apêndice estava tão inflamado assim –, disse ele.

Como se tivesse visto algo diferente na cirurgia, mas não uma apendicite clássica. E assim lá se foi um apêndice, sem termos a certeza se era necessário ou não.

Retomando agora a cronologia, como os principais sintomas estavam ligados ao aparelho digestivo e tínhamos o histórico acima, o nosso principal foco na busca da "cura" se deu junto aos especialistas em Gastroenterologia.

Vale comentar que quando você tem uma necessidade médica, sempre existe alguém disposto a lhe ajudar; além das simpatias, bênçãos, chás e afins, também temos aqueles que atuam indicando um médico de qualidade.

– Esse Doutor é muito bom –, ouvimos isso um zilhão de vezes.

E foram inúmeras consultas, com vários doutores e doutoras diferentes. Entre várias endoscopias e colonoscopias, que só quem já fez sabe como o preparo e o exame em si são desagradáveis, os primeiros diagnósticos fecharam em uma gastrite.

Claro que nenhum dos tratamentos prescritos deram resultado. Na realidade, passaram bem longe de mostrar alguma melhora.

Diante do fracasso alcançado, ela mudou o foco para a Ginecologia, pois conhecendo o próprio corpo, ela entendia que os sintomas pioravam com a proximidade do ciclo menstrual.

E aí sim começamos a ver um verdadeiro show de horrores.

Voltamos àquela fase de indicações intermináveis de médicos.

Ali aprendemos que existe um negócio bem evidente no atendimento médico. Aquela placa de especialista na parede não necessariamente significa que o doutor está muito interessado no seu caso. Na realidade, existe uma relação clara de tempo versus rentabilidade. Não foram poucos os profissionais que nos "atenderam", nesta época e todos da tal "medicina de convênio" estavam muito mais interessados em atender pacientes de rotina, acompanhar o pré-natal de gestantes e por consequência realizar seus partos.

Era claro que éramos um "problema" e a ansiedade de passar nosso caso adiante era evidente.

Neste período, passamos pela fase mais dolorosa da doença, uma vez que além do sofrimento físico e emocional, começamos a questionar a sanidade mental dela. Numa relação clara, na cabeça de sei lá quem, de que já que não conseguimos fechar o diagnóstico dessa paciente por nosso conhecimento médico, é claro que ela tem algum problema na cabeça. Simples assim!

A hipótese de que poderia ser algo além dos conhecimentos médicos adquiridos, até ali, nunca passou pela cabeça dessa turma.

Dessa forma, todo mundo – e isso inclui a mim e a ela também – começou a trabalhar num espectro de possibilidades que ia da frescura à loucura.

Sim! Alternamos nossa avaliação da situação com discussões que iam entre o:

– Ela é muito frágil!

Até o:

– Isso é coisa da cabeça dela!

Vamos fazer um exercício de empatia simples aqui. Imagine isso acontecendo em sua vida só por quatro dias ou, melhor ainda, por quatro meses. Imaginou? No nosso caso foram quatro anos. Quatros anos presos num *looping* de sofrimento físico e emocional, como se o mundo todo estivesse certo e só você estivesse errado, ao ponto dela questionar a própria sanidade mental, como se somente ela enxergasse uma realidade paralela.

Nesse período, tudo que era bom foi substituído pela rotina de buscar a "cura" das infinitas dores, pela frustração de não alcançar esse objetivo e pela raiva decorrente de tudo isso. Impossível não se tornar uma pessoa amarga numa vida destas.

Ao mesmo tempo em que estávamos travando essa batalha sozinhos, até porque nem nós podíamos compreender contra o quê estávamos lutando, ainda tínhamos que administrar as expectativas que as pessoas haviam criado sobre nós.

"Tu te tornas eternamente responsável por aquilo que cativas", este trecho de *O Pequeno Príncipe* traduz, de forma clara, a forma como as pessoas constroem suas relações de modo geral. Como se a responsabilidade sobre uma relação fosse uma via de um lado só, e não de mão dupla.

Como éramos os irmãos mais novos de ambas as famílias, durante toda a nossa juventude e até aquele momento estávamos ali disponíveis e com toda paciência do mundo, sempre empenhados em ajudar quem precisava. Simplesmente porque tínhamos mais tempo. Fazíamos a função da chamada "rede de apoio", o conjunto de pessoas que se dispõe a suportar parte do trabalho dos pais de primeira viagem, dos deficientes ou dos idosos.

E é incrível como as pessoas tendem a te enxergar da mesma forma por anos, como se isso fosse possível; quando, desde a Grécia antiga, Aristóteles já definiria que somos seres em constante transformação.

De repente, na cabeça dos mais próximos, é claro que começamos a frustrar as expectativas que eles tinham a nosso respeito. Pois, é óbvio, começamos a não estar disponíveis. Na realidade, começamos a não estar mais presentes.

Enquanto do nosso lado tínhamos a expectativa de um colo de consolo e conselho, uma vez que ter uma rede de apoio era pedir demais, já que todos estavam envolvidos demais com os afazeres das próprias vidas, recebemos em contrapartida muita cobrança.

Analisando hoje de forma mais madura, acredito que parte se deu pela falta de controle sobre a nossa situação, já que a ideia de controle traz em si uma falsa sensação de paz. Parte por aquilo que eles perderam, com a nossa ausência e mudança de comportamento, e parte por ignorância mesmo. Um negacionismo científico, que está embutido na sociedade brasileira e conseguimos enxergar de forma explícita neste período de pandemia global. E acreditem, mesmo depois de tudo que já passamos, até hoje lidamos com ele em relação à doença.

Certo dia, num momento de iluminação e depois de tanto estudo na busca de um diagnóstico, ela havia encontrado a possibilidade da endometriose. Doença que poderia ter seu diagnóstico confirmado com um exame até simples para os dias de hoje: uma ressonância magnética.

Ocorre que na "medicina de convênio" existe uma "cota" velada de exames por médico, a fim de controlar o custo da operação. Assim, durante mais uma das infinitas consultas ginecológicas, ela praticamente obrigou a médica a lhe dar a solicitação para o tal exame, já que a mesma insistia em dizer ser desnecessário.

Era o ano de 2009, eu estava viajando a trabalho quando recebi uma ligação dela; estava aos prantos, chorando do outro lado da linha, no sentimento mais antagônico que já vivenciei em minha vida.

– Eu tenho endometriose –, dizia ela!

Quase que como um jogador de futebol comemorando um gol, numa final de campeonato. Num grito que vinha da alma, como quem dizia: eu não sou louca! Eu não sou louca! Eu realmente tenho dor!

Mesmo que esse grito libertador lhe dera um diagnóstico de sofrimento contínuo e incurável para toda vida. Mesmo que o sonho de ser mãe tivesse sido colocado em dúvida naquele instante. Mesmo assim ela celebrava o fato de não ser louca.

Diante desse alívio emocional momentâneo, já que o preço a ser pago ainda seria muito alto, voltamos ao consultório médico com o diagnóstico nas mãos.

Nessa hora, o que você espera ouvir do médico é um simples: me desculpe. Você estava certa em insistir para fazer este exame.

Mas o que vimos foi uma das cenas mais lamentáveis da minha vida. A médica, com a cara mais contrariada do mundo, já que naquele momento não só havia tido o seu conhecimento científico questionado, mas também confirmado, disse:

– É... (com essa pausinha de desdém mesmo) você tem endometriose!

Com toda a humildade do mundo eu questionei a médica:

– Então, qual é próximo passo?

E a médica respondeu:

– Ela terá que operar.

Voltei a questioná-la:

– Ok, mas você faz este tipo de cirurgia?

E a resposta dela foi:

– Não por este plano de saúde.

Essa cena deveria ter sido gravada e reprisada em todos os cursos de medicina do país, para que todo candidato a médico nunca se esqueça do significado da sua profissão e do juramento que fez.

Na hora, juro que pensei: dou um soco na cara dela agora ou mais tarde?

– Não foi isso que eu perguntei, respondi a ela. Sem antes dar uma senhora respirada profunda, daquelas de elevação espiritual.

E sem deixar que ela continuasse a conversa, apenas perguntei se o exame ficaria conosco. Como a resposta foi sim, peguei o exame na mesa e disse que iríamos procurar outro médico.

Enfim tínhamos um diagnóstico, sabíamos contra o que estaríamos lutando. E embora nossa batalha estivesse apenas começando, conseguimos agora tirar um pouco o pé desse lamaçal de ignorância.

UMA LUZ NO FIM DO TÚNEL

Nada nesta nossa dimensão conhecida, a qual chamamos de vida, é 100%. Nada!

Nenhuma situação é 100% boa, nem é 100% ruim, assim como ninguém é 100% sábio que não possa aprender, nem 100% ignorante que não possa me ensinar algo. E, principalmente, assim como ninguém, absolutamente ninguém, é 100% bom que não possa errar, nem 100% ruim que não seja capaz de ajudar alguém.

Esse olhar sempre esteve presente na forma como me relaciono com as pessoas, um entendimento mais tolerante sobre a existência humana. Valorizo isso, até porque vivenciei isso de forma latente ao longo da minha vida.

Não foram poucas as vezes que não consegui encontrar apoio nas pessoas em que mais esperava e me surpreendi por receber o suporte de onde nem imaginava.

Por isso, neste caminho inicial frente à endometriose, fui buscar no meu ambiente de trabalho dois recursos mais que necessários para início da batalha.

O primeiro era muito óbvio, o financeiro, pois já entendemos que dentro dessa limitação da "medicina de convênio" não poderíamos encontrar os recursos técnicos necessários. Então já fui negociando uma antecipação de bônus e coisas do gênero.

O segundo, também óbvio, dentro de um nível de relacionamentos mais elevados, a indicação dos melhores especialistas do Brasil.

O direcionamento já estava traçado e não pouparíamos recursos para tratar a doença.

Assim chegamos ao Dr. Renato Kalil, o médico que nos trouxe luz àqueles momentos de trevas que estávamos vivendo. Porém só chegamos ao consultório dele por indicação de um certo profissional com quem trabalhei, vamos assim dizer.

Se você perguntar sobre esse cara para dez pessoas que o conheceram, com certeza as dez dirão que ele é o maior sacana do mundo, inclusive o próprio Kalil e eu também, mas mesmo assim lhe sou grato.

Coitado do Kalil, não sabia onde estava se metendo.

Se sem fazer ideia do que a afligia, minha esposa já deixava os médicos contra parede com seus questionamentos, imagine com um diagnóstico nas mãos.

Imagine alguém que se dedicou a estudar a endometriose e multiplique por mil, essa era minha esposa. Ela já chegou toda armada, cheia de teses e teorias, mas a acolhida humana e extrovertida do Kalil a quebrou no meio.

O Kalil é um cara baixinho, deve ter no máximo um metro e sessenta de altura, mas de um carisma gigantesco. Destes que quando entram em algum lugar parece que têm dois metros de altura.

Ele é um cara especial. Fora o glamour que o cerca e que ele fez por merecer. Ali, fora das redes sociais, quando a porta do consultório se fecha e os sofrimentos são expostos de verdade, é que ele mostra seu lado mais valoroso. É o típico profissional que se não fizesse o que faz, não sei o que seria. É um destes caras que quando você olha logo pensa: nasceu para isso.

Ele tem um olhar feminino impressionante. Enxerga o universo feminino de maneira única e essencial para a Ginecologia. Médicas, antes de tudo, mulheres, que nos atenderam ao longo dessa trajetória, não tinham esse olhar.

Só a diferença abismal no atendimento, entre a "medicina de convênio" que estávamos acostumados e o serviço prestado por ele, já seria de surpreender; mas o maior impacto foi na consulta.

Após mais um exame detalhado na clínica, ele me encontrou no consultório enquanto a enfermeira ajudava a minha esposa a se vestir na sala de exames. Naquele momento, ele me deu duas notícias muito duras. A primeira funcionou como um choque de realidade:

– Ela tem uma endometriose profunda, disse ele. E na sequência me explicou em detalhes o que isso significava.

O Dr. Marco A.P. de Oliveira[2] explica em seu livro que, quando o foco da doença infiltra a parede de um órgão por mais de 5mm, temos um foco de ENDOMETRIOSE PROFUNDA. Se o foco está no intestino, pode haver invasão de toda a parede intestinal, e o foco pode atingir o interior do órgão – a mulher pode queixar-se de dor para evacuar e de sangramento pelo reto. Se o foco está na bexiga, pode haver invasão de toda a parede da bexiga, e o foco também pode atingir o interior do órgão – a mulher pode queixar-se de sangramento pela urina ou sintomas parecidos com a cistite de repetição (mas não há presença de bactérias na urina). Os sintomas variam muito dependendo do local de infiltração do foco.

Ouvi com toda atenção e concluí que teríamos um grande desafio no horizonte. E a segunda notícia foi que ele não iria operar minha esposa. Pensei comigo: mais um que vai passar o problema para frente.

E para minha surpresa, ele me deu uma aula sobre o que de fato é a medicina.

Ele me disse que quem iria operar minha esposa seria o melhor cirurgião do Brasil e possivelmente um dos melhores do mundo, pois ele acreditava ser acima da média para muitas coisas, mas para essa cirurgia era necessário o melhor. E após a cirurgia ele faria o tratamento dela, em conjunto com o cirurgião. O que de fato aconteceu nos dois anos posteriores àquele primeiro encontro. E assim passamos a nos encontrar quase que semanalmente durante esse período.

Em poucas vezes encontrei um médico humilde a ponto de reconhecer que sua capacidade iria até certo limite, mas que se

---

[2] OLIVEIRA, Marco A. P. De. **Endometriose Profunda - O que você precisa saber**. São Paulo: DI Livros, 2016. p. 2.

trabalhasse em conjunto com outro colega teríamos o melhor que a medicina poderia nos oferecer naquele momento.

Recuperado do impacto e processando todas essas informações, aguardamos minha esposa vir ao nosso encontro. Quando ela entrou no consultório o plano estratégico já estava alinhado comigo, ficando apenas as tecnicidades que ela tinha a necessidade de debater.

O melhor cirurgião em questão era o Dr. Paulo Ayroza. E não é à toa o melhor. Ele dedicou a carreira à endometriose e há mais de vinte anos é referência em procedimentos laparoscópicos avançados. O Paulo é o oposto do Kalil. Um cara extremamente alto, mas com uma fala tranquila, até certo ponto contida, que faz com a consulta com ele seja um acalanto. Essa característica de sobre maneira é mais que essencial para o seu dia a dia, já que o Paulo é o cara das más notícias. O cara que vai te dizer de forma calma e tranquila que você vai passar por um sofrimento absurdo, para tentar remediar outro.

Em seu consultório, e após vários exames específicos para endometriose, feitos em laboratórios e por profissionais minimamente indicados por ele – dentre eles a Dra. Ana Luisa Nicola, que nos acompanha desde então e sempre faz questão de nos lembrar de nossos milagres –, soubemos que a endometriose havia tomado grande parte do intestino da minha esposa. Que algumas alças intestinais já estavam imóveis e outras já estavam comprimidas pelos focos da doença.

Além da videolaparoscopia para eliminação dos focos da endometriose, seria necessária a retirada de vinte centímetros da porção final do intestino; entre o reto e o sigmóide (retossigmoidectomia). Sim, tive que aprender estas entre outras coisas sobre a anatomia humana, em especial a feminina. Nem quis tentar imaginar como alguém iria abrir a barriga da minha mulher, cortar um pedaço do seu intestino e juntar em outro.

Lembra que eu disse que algumas coisas é melhor a gente nem perguntar? Essa foi mais uma de várias outras tantas.

Só entendi que não seria nada fácil para ela. E de fato não foi, a começar pelo preparo para cirurgia. Foram três semanas de dieta restritiva. A primeira com a exclusão de vários alimentos. Na sequência passando para dieta pastosa e, por fim, por uma semana de dieta literalmente líquida.

Então, em abril de 2009 demos entrada no Hospital São Luiz, sem nem imaginar a frequência em que passaríamos por aquela recepção, em diversos momentos, ora tristes, ora apreensivos e ora extremamente felizes. Brincava que o Hospital era minha segunda casa.

A unidade do Itaim do Hospital e Maternidade São Luiz sempre foi referência em videolaparoscopia, pois oferece os melhores recursos tecnológicos para os cirurgiões mais preparados. Mas, não vou mentir para vocês que mesmo assim eu estava morrendo de medo. Ver a mulher da minha vida naquela situação, extremamente frágil, naquele avental de centro cirúrgico, foi impactante.

Eu me fazendo de forte e ela achando que ia morrer. Até porque tinha essa ideia fixa, colocada na cabeça por um médium durante uma consulta que a mãe a tinha levado na infância. O tal vidente havia afirmado que ela morreria assim que tomasse uma anestesia geral. Óbvio que isso não se faz com uma criança.

Por mais católico que fosse, mas considerando os riscos iminentes de qualquer procedimento cirúrgico, estávamos ali pondo à prova a tal profecia.

Nessa hora entrou no quarto do hospital a Dra. Helizabet, esposa do Dr. Paulo, que veio acompanhar minha esposa ao centro cirúrgico junto com a equipe médica.

Dei um beijo na testa da minha mulher, abri um sorriso e deixei que a levassem pela porta.

Só me lembro do enorme pingente de Nossa Senhora Aparecida que a Dra. Helizabet carregava no pescoço. Ela me deu um abraço fraternal e me disse que tudo daria certo.

E eu fiquei ali naquele quarto de hospital por oito longas horas, pondo minha fé à prova, rezando e pedindo a intercessão de Nossa Senhora.

Tempo de sobra para lembrar de tudo que vivemos até ali. Dos quinze anos juntos desde o pedido de namoro na pracinha em Ribeirão Preto. Tempo para imaginar tudo que ainda queríamos viver juntos. Tempo para lembrar da perda do meu pai. E principalmente para sentir na alma que não conseguiria viver sem ela, caso algo desse errado.

Foram vinte centímetros do intestino e mais de sessenta focos de endometriose retirados da cavidade abdominal. Sim, sessenta. Sessenta feridas internas espalhadas da sua pelve até o tórax.

E ela voltou na maca do hospital pela mesma porta que saiu, mas com um sorriso imenso no rosto, que há tempos eu não via. Algo como que se dissesse:

– Chupa, vidente charlatão de merda! Eu estou viva!

Alegria passageira que deu lugar a um pós-cirúrgico bem rígido. Foi uma semana de calvário naquele hospital, até que a cicatrização do intestino fosse possível e ela pudesse passar para uma dieta pastosa. Tivemos que atravessar um deserto, literalmente. Nesse período, a "alimentação" foi só venosa e a água somente para umedecer os lábios, procedimento feito com um pano molhado.

Depois, já em casa, a alimentação dela se resumia a caldos, quase sem temperos, os quais ainda deveriam ser coados, para que nenhum pedaço sólido comprometesse a cicatrização do intestino.

Como você pode imaginar, minha esposa perdeu muito peso e ficou com uma aparência bem enferma. Ela sempre foi magra, mas passou para um nível quase anêmico, contudo essa não foi a única transformação pela qual passaria.

Ainda no centro cirúrgico ela recebeu a primeira aplicação de Zoladex®. Caso você tenha de passar por uma jornada como essa, aprenda este nome: Zoladex®!

Para mim, se tornou inesquecível.

Oliveira[3] explica que as medicações mais potentes conhecidas para endometriose são as da classe dos análogos do GnRH (os

---

[3] OLIVEIRA, Marco A. P. De. **Endometriose Profunda - O que você precisa saber**. São Paulo: DI Livros, 2016. p. 41.

mais conhecidos são o Zoladex® e o Lupron®). O GnRH natural é um hormônio produzido pela glândula endócrina chamada hipófise. O GnRH é liberado em pulsos e estimula o ovário a produzir estrogênio. Os análogos do GnRH usados no tratamento medicamentoso da endometriose são considerados AGONISTAS, ou seja, eles estimulam a produção de estrogênio no início do tratamento, mas logo após inibem a produção dos mesmos. Eles diminuem muito os níveis de estrogênios circulantes e, consequentemente, induzem redução dos focos e da inflamação local.

Seu principal efeito é interromper a geração de hormônios femininos da paciente, evitando assim novos ciclos menstruais e por consequência a geração de possíveis focos.

Já para o cônjuge é tipo um *test-drive* de menopausa, ou seja, provoca sintomas como calores, irritabilidade e insônia.

Se você acha sua mulher difícil, geniosa e inconstante, brinque com os hormônios dela para você ver o que é dificuldade de verdade.

Você dorme com a mulher da sua vida e acorda com uma fera ao seu lado, que só de olhar já lhe dá medo.

Não foram poucas as vezes que me questionei: quem é essa mulher aí?

6

CADÊ A MINHA MULHER?

Uma coisa é fato, nunca pude reclamar de monotonia no meu casamento. Sabe aquela sensação estranha de ver os dias se repetindo ao longo da semana?

Eu nunca tive!

Depois do Zoladex®, então, nossa rotina foi colocada num carrinho de montanha-russa, porém não de uma montanha-russa qualquer. Uma daquelas bem cabulosas lá do Busch Gardens®, com direito não só às subidas, descidas e curvas radicais, mas também a todos os *loopings* possíveis e imagináveis. Aqui o que não falta é emoção.

Certo dia estava no escritório, envolto em várias atividades e reuniões e meu telefone não parava de tocar. Era ela. Queria desabar ao telefone, mas claro não sem antes me elogiar com todos os palavrões possíveis, os quais nem eu imaginava que ela conhecia, só pela demora em atendê-la. Já estava até me acostumando a esse tratamento extremamente carinhoso.

Ela tinha um discurso acelerado e com uma respiração ofegante. Tentava verbalizar o sentimento que lhe apertava o peito. E no meio da fala ela disse, assim do nada, numa frase solta:

– Não consigo entender, mas estou com uma vontade louca de matar alguém.

Como estávamos com uma dificuldade gigante em discernir o que era retórica e o que era fato, assim que eu desliguei a ligação, achei prudente retornar a chamada para minha casa e falar com a Elisete – um anjo que nos ajudou por quase 15 anos – só por segurança, já que nosso apartamento ficava no oitavo andar do prédio, e digamos que uma "queda" daquela altura seria fatal.

Desse dia em diante, me esforço e policio para não deixar o telefone tocar mais que duas vezes. Algumas coisas realmente traumatizam de verdade.

Depois pude constatar em outros casos de uso do Zoladex® que essa é uma das sensações comuns e constantemente verbalizadas pelas pacientes.

A história seria cômica, se não fosse trágica, como diz o dito popular, mas na realidade esse *test-drive* de menopausa não teve nada de engraçado. Na verdade, com exceção de uma passagem com meu tio.

Meu Tio Carlos, irmão do meu pai, é casado há mais de quarenta anos com minha tia Prazeres. Como o nome não nega, minha tia é portuguesa, daquelas que fazem um bacalhau de respeito, entre outras tantas receitas sensacionais, em especial uma famosa sardela. Esse casal sempre nos acolheu de forma especial e realmente me sinto em casa quando estou com eles. E foram um dos poucos que não só participaram do nosso sofrimento, mas também nos estenderam, e ainda estendem, a mão com muito amor e acalanto.

Num desses almoços de domingo, estava eu lá reclamando da vida com meu tio, explicando as loucuras dessa tal menopausa e como era difícil entender o pensamento da minha esposa. Naquele tradicional discurso de revolta, no qual se eu estivesse calado eu já estaria errado. Então, ele olhou para mim com um sorriso no rosto e me disse:

– Eu sei bem o que você está passando, meu filho. Sua tia agora que está melhorando.

Eu na minha ingenuidade e egocentrismo, perguntei:

– Então, tio, mas faz quanto tempo que o senhor está nessa luta?

– Faz uns dez anos, começou quando ela fez cinquenta anos e só está passando agora.

Jesus! Estou nessa só há três meses e já estou reclamando da vida, imagine aguentar isso por dez anos. Que Deus tenha piedade e me dê paciência para o que me espera, pensei eu. Mais uma oportunidade para aprender que nada é tão ruim que não possa piorar. E nada como um dia após o outro.

Logo voltamos nosso foco ao planejamento estabelecido lá no consultório do Kalil. Uma das primeiras dúvidas que tivemos no começo do tratamento da endometriose se referia à fertilidade feminina. De modo geral, existe uma primeira informação na mente da população que associa a endometriose à infertilidade feminina, como se esse fosse o principal problema causado pela doença.

A endometriose profunda pode reduzir a fertilidade de várias maneiras. O fator mecânico é o mais óbvio. A doença pode causar aderências externas entre os órgãos. A aderência, na prática, significa que os órgãos ficaram grudados uns aos outros. Desta forma, pode ocorrer o fechamento ou entupimento das tubas uterinas, o que impede o encontro entre o óvulo e o espermatozoide, explica Oliveira[4].

Na realidade, o que aprendemos foi que a gravidez é um dos tratamentos mais eficazes para combater a doença. Numa lógica básica de quando a mulher está grávida, ela não só impede a propagação da doença, mas também contribui para estabilizar o crescimento dos focos já instalados.

Durante a gravidez existe a produção da progesterona, que é o hormônio que dificulta o crescimento dos focos de endometriose, esclarece Oliveira[5].

Então o plano era: cirurgia e gravidez.

O que complica um pouco essa estratégia é que o protocolo básico do pós-cirúrgico é o tal do Zoladex® que, como você viu acima, leva a mulher a uma menopausa precoce. Nesse caso, a menopausa e a gravidez parecem coisas antagônicas. E de fato são!

Considerando essa condição, a solução mais indicada era uma Fertilização *in Vitro*. Oliveira[6] explica que na fertilização in

---

[4] OLIVEIRA, Marco A. P. De. **Endometriose Profunda - O que você precisa saber.** São Paulo: DI Livros, 2016. p. 10.

[5] *Ibidem*, p. 10.

[6] *Ibidem*, p. 52.

vitro (FIV), o óvulo é aspirado do ovário através de ultrassonografia transvaginal, e a fertilização é feita em laboratório. Após a formação dos embriões, estes são inseridos na cavidade uterina para que possa ocorrer o processo de implantação.

A FIV está indicada quando não existe a possibilidade de gravidez natural. Isso pode acontecer por problemas do parceiro ou da própria mulher. Quando o parceiro tem qualidade muita baixa do sêmen, muitas vezes não é possível a gravidez natural. Mulheres sem as duas tubas também não conseguem engravidar naturalmente.

Ocorre que, para levar minha esposa às condições de ovular, precisávamos dos hormônios femininos necessários de volta. Na prática, e para que você possa entender, basta imaginar, ou melhor, realizar alguns experimentos domésticos. Seria como pegar uma panela e aquecê-la no fogão por um bom tempo, até quase entortá-la, e depois derramar um litro de água bem gelada sobre ela.

Foi mais ou menos isso que aconteceu com os hormônios da minha esposa nesse curto espaço de tempo. Aquela Ferrari que parte de zero a cem quilômetros por hora em três segundos.

Não foi fácil! Ela ganhou peso, ficou toda inchada. Reclamava da pele, dos cabelos e por aí vai. Além disso, vê-la fazer a autoaplicação das doses diárias de hormônios ao redor do umbigo só fazia com que eu tivesse a certeza do quanto ela era guerreira e encarava essa luta com toda garra possível. Sempre com foco no nosso objetivo principal, que era a gravidez.

A primeira fase da FIV se resume à capacidade de geração do embrião em laboratório.

Cara, aqui vai mais um conselho meu para quem vai passar por isso: relaxa e se joga! Foca no objetivo final e vai. Por que estou reforçando isso? Simples, porque você vai passar por algumas experiências bem constrangedoras para os padrões da educação machista brasileira. Com destaque a dois exames.

O primeiro, trata-se do ultrassom dos testículos. Para ajudar, no meu caso, feito por duas mulheres. Não é muito diferente do que você imaginou. Você fica peladão numa maca, entram na sala de exame uma enfermeira e uma médica. A médica gentilmente pede para você segurar seu instrumento sexual, sim, seu pênis, enquanto ela besunta seu saco de gel e passa o ultrassom nas suas bolinhas. Achou constrangedor? Não para por aí!

Na sequência, vem o exame do espermograma.

O espermograma basicamente consiste em você se dirigir até um laboratório para se masturbar. Sim! Você não entendeu errado. Você tem que ir lá praticar aquele cinco contra um, aquela bronha, aquela descascada na banana, seja lá como você denomina esse momento de intimidade masculina. E vou já avisando aqueles com a mente mais poluída: nesse caso, é você com você mesmo. Como de costume. Até porque ninguém tem mais habilidade para isso que você mesmo, dada a longa experiência.

A única diferença está no lugar, pois talvez seja o único que nunca passou pela sua cabeça que um dia você estaria ali dando aquela aliviada no estresse.

Espero que a realidade nos dias de hoje seja diferente, mas gostaria de manifestar aqui a minha indignação junto aos laboratórios clínicos responsáveis pelo dito exame. É evidente que quem idealizou as salas para coleta da amostra possuíam pouco ou nenhum conhecimento sobre o universo masculino.

De modo geral, trata-se de um laboratório comum, daqueles que você provavelmente já foi fazer exames de sangue, urina, uma ressonância ou um ultrassom. Então o constrangimento já começa na sala de espera. Você fica ali sentado, junto com várias pessoas, e de repente alguém chama pelo seu nome. Nesse instante, claro que você tem a certeza de que na mente de todos que estavam ali com você passou o mesmo pensamento:

– Vai ali tocar uma, né, meu filho?

Outro detalhe importante, não há necessidade de plaquinha na porta escrito espermograma. É desnecessário.

Aí você entra numa salinha e a auxiliar de enfermagem te dá as orientações, junto com um lenço umedecido para fazer a higiene do seu amigão e um potinho para você coletar a "amostra".

Na sequência ela sai da sala, mas sem antes dar um *play* num pornô daqueles bem antigos, cuja dublagem não é casada com o movimento dos lábios dos atores; aqueles que mais vão te fazer rir do que excitar. E ainda reproduzido numa tela minúscula e sem áudio, claro. Não queremos aumentar o constrangimento. Já pensou a galera da recepção escutando o áudio do filme? Um claro esforço equivocado.

Uma poltrona e uma mesinha de centro, com algumas revistas antigas, daquelas que comprávamos escondido das mães, naquele esquema com o amigo que trabalhava na banca de jornais, completavam o ambiente.

Na hora já vem a ideia: quantos caras já passaram por essa sala, nessa mesma situação que eu? Só de imaginar as páginas das revistas todas "coladas" já embrulhava o estômago.

Pra completar, você olha para a poltrona e pensa: será que limparam isso direito? Então, no meu caso, a solução foi resolver isso rapidinho, em pé mesmo, e dar o fora dali. Porém, sem antes dar uma olhada para o potinho e pensar no último possível constrangimento que estava por vir.

Vou ter que sair daquela sala segurando a "amostra" nas mãos e entregar para auxiliar. Isso por si só já seria muito, mas pensei: será que a quantidade é suficiente? Será que na hora em que eu entregar o potinho a moça vai me dizer:

– Só isso?

Nessa hora você respira fundo e vai lá acabar com o martírio.

Evidentemente que esse relato se trata de uma típica construção de pensamento machista e egocêntrico. É claro que tudo isso não se compara em nada à realidade dos exames femininos mais rotineiros. O máximo que talvez você tenha visto foi aquele ultrassom de pré-natal, no caso de você já ter filhos, cujo momento está todo centrado na telinha distorcida do equipamento, na expectativa de enxergar o bebê que está por vir. E a emoção é tanta que sequer você lembra que sua esposa está ali deitada, pelada e alguém está passando uma máquina nela.

Para aqueles que ainda têm dúvidas, sugiro acompanhar sua mulher durante apenas um exame de ultrassom transvaginal. Garanto que a experiência será no mínimo didática e com certeza irá mudar sua percepção e empatia sobre a diferença de esforço do universo feminino, em contraponto ao masculino, para qualquer coisa.

Passada a fase dos exames, partimos para a fertilização. Nessa época minha mãe tinha vindo passar um tempo com a gente em São Paulo; e não sei se por descuido ou falta de atenção mesmo, já que o foco estava no planejamento traçado, nem me dei conta que a velhinha participou desse momento ímpar da minha vida.

Minha mãe é muito católica, extremamente pudica, para não dizer retraída, mas mesmo assim foi carregada a tiracolo a todos os procedimentos desse processo de fertilização.

A clínica do Kalil sempre foi extremamente preparada para o procedimento. Enquanto a minha esposa era direcionada para um centro cirúrgico ultramoderno para coleta dos óvulos, eu, por minha vez, fui direcionado para fatídica salinha de coleta de esperma.

Evidente que desta vez nem liguei para ambiente e dei aquela caprichada, já que o objetivo principal do processo, que é a gravidez, dependia 100% daquele esforço.

Ocorre que na minha época a separação desses dois ambientes era feita pela recepção da clínica, justamente onde minha mãe esperava. Sentadinha ali, a velinha com um olhão arregalado tentava entender o que estava acontecendo. Claro que não pude perder a chance de deixá-la ainda mais desconcertada. Passando pela recepção, com minha "amostra" nas mãos, antes de entregar o potinho para enfermeira, olhei para a velhinha mostrando o portinho e disse:

– Olha ali, bebês, digam oi para vovó.

Tadinha, ela não sabia onde colocar a cara.

Já no carro, indo para casa, ela deu uma respirada profunda e disse:

– É cada uma que você me faz passar, menino!

Rimos muito!

No dia seguinte, a notícia. Golaço! Oito embriões com nota máxima, prontos para serem transferidos para o útero. Agora faltava pouco. Na realidade, pouquíssimo, milímetros, para ser bem preciso.

Porém, nosso planejamento começou a ser frustrado a cada novo ciclo menstrual, pois a cada nova consulta o tal do endométrio não alcançava as medidas mínimas para transferência dos embriões.

O endométrio é a membrana que recobre o interior do útero. Existe uma parte, chamada de camada funcional, que cresce durante o ciclo menstrual, preparando-se para receber um possível embrião. Portanto, o endométrio é um tecido especializado que tem a função de abrigar o embrião e dar todas as condições para um bom crescimento do mesmo, esclarece Oliveria[7].

Foi a primeira vez que contamos milímetros em nossa vida e aprendemos o quanto eles são importantes e decisivos para realização de um sonho.

A cada novo mês eu não conseguia parar de pensar nos impactos de todos aqueles hormônios no corpo dela e por consequência na endometriose.

E depois de três tentativas de transferências frustradas eu dei um basta.

Sim! Eu desisti! Olhei para minha mulher e disse que o plano tinha dado errado. Não dava mais para administrar essa expectativa e frustração. Aquele sofrimento não valeria mais a pena.

Depois de muita conversa, optamos por parar o tratamento e tentar retomar alguns meses adiante.

Já estávamos próximos do final do ano e, como o povo gosta de dizer, "Ano Novo é vida nova!" – na crença que a virada do calendário traga novos fluidos de otimismo e realizações. Mas o

---

[7] OLIVEIRA, Marco A. P. De. **Endometriose Profunda** - O que você precisa saber. São Paulo: DI Livros, 2016. p. 3.

que de fato ele me trouxe mesmo foi a certeza que, dessa fase em diante, desde a primeira dose do Zoladex® e em virtude de todas as medicações que se sucederam, minha mulher perdeu grande parte da sua capacidade de atenção e raciocínio lógico.

E até hoje tem dificuldades de concentração e processamento de mais de uma tarefa por vez. O que resultou numa mudança gigantesca na forma como conduzimos a nossa relação.

A esta altura você já deve ter percebido que ela é aquela típica CDF, com C maiúsculo, se é que isso é possível. Essa característica, somada a um talento singular de estar à disposição para ajudar as pessoas, fazia com que ela logo tomasse a frente em quase todas as iniciativas. Então era ela quem tocava a nossa vida.

E vou lhe dizer que isso era muito confortável. Uma vez que eu poderia dedicar exclusivamente minha mente aos meus problemas profissionais, pois sabia que alguém estava ali conduzindo todo o resto com maestria.

Só que quando, de uma hora para outra, você perde esse esteio, você tem que rebolar e ter muita paciência para entender e se adaptar a uma nova rotina.

E não tem outro remédio para isso que não a empatia. Não dá para tentar lamentar e resgatar uma vida que se foi. Aquela mulher que eu conheci, depois de tudo isso, infelizmente morreu. Assim como eu também, de certa forma. E isso é um fato.

Nasceram outras pessoas diferentes, que tivemos de conhecer, aprender a conviver e amar.

E a mim coube a missão de fazer com que ela se apaixonasse por mim novamente em todas essas vezes.

E fazê-la se apaixonar por mim a cada novo dia tem sido a maior das minhas aventuras.

Tipo um videogame. Ainda é o mesmo jogo, mas numa nova fase. A única parte ruim nessa comparação é que no videogame a próxima fase sempre será a mais difícil, e na vida não é diferente.

CHEGOU A NINA

Deixamos a clínica do Kalil derrotados. É preciso muita maturidade para desconstruir tudo aquilo que idealizamos no nosso plano imaginário e nos depararmos com a frustração latente de um fracasso retumbante. E é claro que não a tínhamos. Então foi difícil demais.

Meio como tomar um gol no último minuto, do último do jogo e ver seu time perder o campeonato.

Sentimos que estávamos tão perto, mas no fim a sensação é de que corremos uma maratona para não chegarmos a nenhum lugar.

O que faríamos agora? Qual seria o novo plano? Várias dúvidas giravam a mil por hora na minha cabeça.

Estávamos ali no carro tentando ir para casa, num trânsito infernal daqueles dignos da Capital Paulista, debaixo de uma bela chuva de verão, dessas que enchem de água todas as ruas e desligam todos os semáforos da cidade.

Nesse cenário caótico, num cruzamento no bairro de Moema, olhei para ela já com os olhos vermelhos de tanto chorar e perguntei:

– O que você quer fazer agora?

Achei que a resposta seria a mais óbvia possível, do tipo: vamos viajar! Algo bem típico de quem quer sumir da realidade que lhe aflige. Naquela de ir para qualquer lugar, menos ficar ali.

Mas ela me olhou fundo nos olhos, passando as mãos no rosto para tirar um pouco das lágrimas que insistiam em cair. E me mandou na lata:

– Vamos comprar um cachorro!

Um cachorro? Pensei eu, mas claro sem verbalizar.

Sempre idealizamos nossa casa com um peludo nela. Aquela típica família dos tradicionais filmes de propaganda de margarina. O casal feliz, junto aos filhos na mesa do café da manhã e um cachorro correndo ao redor de todos.

Porém, sempre vimos com muita responsabilidade a tarefa de cuidar de um PET. Talvez influenciados pela enorme quantidade de histórias de cuidados relapsos de tutores irresponsáveis, que encaram os PETs como coisas, e não vidas, ao ponto de negar os devidos cuidados necessários ou até mesmo de abandoná-los.

E como nossa vida sempre foi de constantes viagens, num primeiro momento não achávamos justo ter um PET para deixá-lo sozinho em casa na maior parte do tempo.

E depois, claro que com o avanço da doença, sem nenhuma possibilidade de atenção em função da dedicação total aos tratamentos.

Mas ali, naquela situação, não tinha como criar um pensamento racional sobre o tema, então não pude negar, apenas respirei fundo e consenti: ok, vamos comprar um cachorro.

É óbvio que não seria um cachorro qualquer.

Considerando o perfil da veterinária que já descrevi, seria um bem específico, de um criador bem específico.

E assim nos abalamos por quase cem quilômetros rumo ao interior de São Paulo para encontrar uma Shih Tzu preta e branca, conforme ela determinou.

Em meio a dezenas de cães do lugar, ela olhou e olhou. Pegou vários no colo. Quis conhecer os pais. Cheirou as patas. E no fim disse, olhando bem no fundo dos olhos da cadelinha:

– Você não vai me dar trabalho não, né, minha filha?

Existe uma crença na classe de que PET de veterinário dá todo e qualquer tipo de trabalho disponível no livro de medicina veterinária. Um tal de CRMV Positivo, como eles brincam. E olha que tendo a acreditar nessa turma, já que a minha velhinha hoje, depois de poucas e boas, entre tantos cuidados especiais necessários, tem uma dieta extremamente restritiva, que é baseada em carne de rã; isso mesmo, rã. E não para por aí. A carne é adquirida num ranário do interior do estado e depois é devidamente preparada na minha casa, a fim de evitar qualquer tipo de contaminação externa.

É evidente que esses e outros cuidados, aos olhos externos, sempre carregados de muitas críticas, renderam várias discussões acaloradas junto aos mais próximos:

– Mas vai fazer tudo isso por uma cachorra?

– Essa cachorra é mais bem tratada do que gente.

– Essa cachorra tem vida de rainha.

E, de fato, tem mesmo. Não vou negar, mas a gente tem lá nossos motivos.

Lógico que esse "ser humaninho" desde que chegou logo virou o centro da casa. E de uma hora para outra tudo passou a girar em torno dela. Várias visitas ao petshop para comprar a melhor cama, brinquedo, roupa e por aí vai... Nossa rotina passou a ser definida conforme as necessidades e possibilidades dela: não dá para ir nesta viagem porque não temos com quem deixar a Nina; não dá para ficar muito tempo fora de casa por causa da Nina.

A possibilidade de deixá-la num hotel para cães sequer um dia passou pela nossa cabeça, tamanho o cuidado. E vou lhe contar que eu curti muito essa fase da vida. É bom demais ter uma figura dessas em casa, fazendo traquinagens e pedindo carinho o tempo todo. Chegar em casa e ter um ambiente descontraído e cheio de festa era o oposto da realidade que havíamos vivido nos últimos anos.

Era como se do nada uma luz se acendesse em casa. E assim o foco da nossa vida simplesmente deixou de ser o sofrimento e passou para dedicação a nossa filha de quatro patas.

Existem vários estudos que comprovam o resultado de sucesso das terapias com animais para vários tipos de pessoas, de todas as idades, em toda as situações; sejam em hospitais, lares de idosos, escolas e qualquer instituição onde se encontram crianças e adultos que necessitam de terapias para superar algum problema cognitivo, emocional, físico-motor ou social.

E caso alguém duvide desse poder terapêutico, para as mais diferentes mazelas do ser humano, eu sou a testemunha, pois vivi na pele e vi com meus olhos a transformação que a presença de um PET realiza nas emoções, angústias e frustrações de uma pessoa. Por isso, passando os olhos sobre a minha história, me custa entender porque levei tanto tempo para perceber isso. Por que demorei tantos anos para aceitar o amor e o carinho incondicionais que só eles são capazes de dar?

A vida tem dessas coisas.

Tenham um PET, fica a dica. Principalmente para todas as pessoas que estão passando por qualquer jornada de sofrimento. Acreditem na força terapêutica que o amor deles terá em suas vidas. Vai por mim, eu tenho como provar.

E só lamento por aquelas tantas pessoas que apenas não entendem que, para nós, a Nina nunca será "só" um cachorro.

Quem me conhece sabe que não há nada no mundo mais valioso para mim do que a minha família. Nada supera o Amor pela minha mulher e meus filhos.

E numa lógica simples, construída em meus pensamentos mais profundos, eu não teria minha família se não fosse a Nina.

Um desses mistérios da vida que essa minha dimensão não me permite compreender. Se ela não tivesse chegado, talvez eu nem tivesse escrito este livro.

É claro que ela é um cachorro, mas um cachorro que tem a minha gratidão eterna.

Simples assim.

MEDICINA NÃO É UMA CIÊNCIA LÓGICA

Durante um bom tempo, o mês de março sempre foi carregado de muita tristeza e melancolia para mim e minha família, em especial para um dos meus irmãos, sobretudo o dia 23 de março. Engraçado que deveria ser o oposto, já que esse é o dia do aniversário dele.

Ocorre que dois acontecimentos marcaram o seu aniversário de forma bem trágica. O primeiro, foi a morte da minha avó Maria, mãe da minha mãe, que veio a falecer na minha casa, no dia 22 de março. Uma morte em casa é bem traumática. Presenciar a morte de alguém que você gosta, por mais que ela não estivesse bem de saúde, é difícil pacas; e não o bastante, na véspera do seu aniversário, aí é complicado. E o segundo foi a morte do meu pai, logo dois anos depois, da forma como foi, que aconteceu no dia 24, ou seja, um dia depois.

Sendo assim, durante muito tempo, todo mês de março ficávamos naquela: qual vai ser a desgraça deste ano? Por anos sempre foi assim.

Até que em 2010, depois de termos abandonado a Fertilização em Vitro e três meses depois da chegada da Nina, minha esposa me ligou em um final de tarde qualquer.

– Que horas você vai chegar? – Ela me cobrava. E eu respondi:

– Sei lá, tô enrolado aqui no trabalho. – E ela insistiu, daquele jeito carinhoso:

– Vem embora logo!

Achei por bem deixar para depois o que estava fazendo e encarar o trânsito de fim de tarde da metrópole paulistana. O que não imaginei é que seria uma tortura de mais de uma hora, daquele anda e para tradicional dos programas de TV Aberta do horário. E ela me ligava de cinco em cinco minutos perguntando se eu já estava chegando.

— Tá chegando? Ela perguntava.

E eu respondia com uma paciência de monge budista:

– Estou quase! – Mesmo sabendo que o martírio ainda estava longe de acabar.

Quando finalmente cheguei em casa, eu estava daquele jeito, parecia que tinha estado num ringue de boxe com o Mike Tyson, em sua melhor fase. Ainda meio tonto, dei aquele sorriso amarelo, disse um boa noite qualquer e já fui direto para cozinha tomar um gole de água gelada.

E ela me recebeu com a sutileza de um zagueiro de time de várzea, gritando daquele jeito:

– Vem logo aqui que quero te mostrar uma coisa!

Dei aquela respirada profunda e fui me encontrar com ela na sala.

Quando olhei para ela na sala vi uma mulher totalmente diferente. Estava linda e tinha uma luz como se iluminasse a casa.

Olhei para a mesa de jantar, que ela havia decorado com flores, nossa imagem de Nossa Senhora das Graças, que nos acompanha desde a cerimônia do nosso casamento, junto a um monte de papéis abertos sobre a mesa. E eu não entendi nada.

– Olha aí, lê o papel, seu retardado – as duas últimas palavras de fato ela não disse, mas tenho certeza que pensou.

Era o resultado de um exame. Tinha um monte de números, e eu ainda meio besta perguntei:

– Você está grávida?

A resposta foi o sim mais gostoso de ouvir no mundo. Mas não vou mentir que as pernas deram aquela bambeada e a pressão deu uma caída com o susto.

– Como assim? – Perguntei chocado.

E o tal do endométrio que nunca estava pronto? Como poderia ter acontecido e ainda por cima com o bom e velho método tradicional, diga-se de passagem. Abri mão de querer racionalizar e me permiti curtir o momento. Chorei feito menino.

Aquela cena clássica que os grávidos de primeira viagem fazem.

Não vamos falar pra ninguém, vamos segurar pelo menos até o terceiro mês. Não vamos correr o risco de uma decepção. E coisa e tal. Para cinco minutos depois estarmos aos prantos ligando para todos os membros da família contando a novidade.

Uma sensação única e indescritível que só aqueles que pegaram o tal exame na mão vão entender.

Impossível tentar racionalizar o como havíamos logrado êxito numa gravidez não planejada, pelos métodos mais naturais, tradicionais e prazerosos da humanidade, em detrimento a um longo caminho de tentativas ancoradas no que de mais sofisticado a ciência poderia nos oferecer.

É como se diz no interior, foi como Deus quis!

Numa forma simples e direta de verbalizar a mais sofisticada sabedoria popular. Pois, nos principais momentos da sua vida, naqueles mais decisivos, é preciso apenas um salto de fé.

É necessário se desprender da realidade limitante que te cerca. Da sua falsa percepção de controle. E dar um passo adiante. Um passo apoiando apenas naquilo que você acredita, nem que seja só em você mesmo ou, como no caso dela, na intercessão de Nossa Senhora de Fátima.

E por inúmeras vezes, por mais teimoso que possa ter sido, pude sentir o cheiro das rosas da mãe do meu Senhor me abraçando como filho.

E não se pode negar que há algo sagrado na figura de uma mulher grávida. Trazer a vida dentro de si é algo divino, com certeza.

Não consigo expressar a minha gratidão à minha mulher por acreditar ser possível, enquanto eu já tinha desistido.

E é óbvio que homens e mulheres reagem a esses primeiros dias de gravidez de formas diferentes. Para mim foi um misto de tentar planejar a vida pelos próximos dez, vinte ou trinta anos, com a necessidade de cuidar da minha mulher como se ela fosse o tesouro mais raro e delicado do mundo. Um sacrário!

Os primeiros dois meses foram de assimilação, alguns exames e planos seguidos de planos. A angústia por saber se tudo estava bem, depois descobrir o sexo e, claro, o fatídico e decisivo ultrassom do terceiro mês, onde as principais deficiências e má formações que o bebê poderia ter são afastadas.

Assim, a responsabilidade da paternidade só ia ganhando forma a cada dia. Escolher o nome dele, por exemplo, foi um martírio. Já parou para pensar no tamanho dessa responsabilidade? Poxa, é muito difícil, tanto que ele mudou de nome umas três vezes nesse período.

Porém, infelizmente, foi justamente nessa época que começamos a perceber que nem tudo seriam flores na gravidez.

E assim, em um dia qualquer, logo após eu chegar do trabalho, ela me disse que estava sentindo algo estranho. Dizia não entender direito, mas parecia que estava tendo contrações.

Claro que brinquei e tentei tirar aquilo da cabeça dela.

– Contrações? No terceiro mês? E logo você que nunca ficou grávida antes. Você nem sabe direito o que é isso ainda, menina. Deve ser um pum!

Mas, é incrível como ela conhece o próprio corpo.

E não, não era um pum ou coisa da cabeça dela.

E sim, eram contrações.

Contrações as quais não sabemos até hoje o porquê aconteceram. Se pelas aderências causadas pela endometriose, que estimulavam o útero a cada crescimento do bebê, se por outro fator genético. Ou, ainda, se por uma crise de ansiedade sem precedentes em função de tudo que havíamos vivido até ali.

O que de fato sei, na realidade nunca esqueci, foi a frase dela:

– Estou indo para o São Luiz, o Kalil vai me internar agora.

Durante os primeiros trinta dias tentamos controlar as contrações com repouso, medicação e constantes visitas ao consultório do Kalil. E foi de lá que ela me deu essa notícia. E assim saí do meu escritório para morar por um mês num quarto do Hospital Maternidade São Luiz.

Mas não sem antes chamar minha Nossa Senhora de canto e ter uma bela conversa com ela.

– Minha mãe, preciso que você me dê uma força aí. Não é possível que chegamos até aqui, depois de tudo o que passamos, para ver o sofrimento ficar ainda maior.

Dessa forma aprendi que gramas valem muito mais do que quilos, só depende de quão precioso é o que se pesa. Pois, a partir daquele momento, nossos dias se resumiam a períodos de oração constantes, pedindo mais trinta gramas, mais trinta gramas.

– Senhor mais trinta gramas.

Um mantra, que repetimos a cada minuto. Era a meta de ganho de peso diária que ele precisava adquirir a cada dia, para afastarmos o risco de um parto prematuro, que àquela altura da gravidez seria de altíssimo risco.

E pela misericórdia divina, de grama em grama, pudemos ir para casa, mesmo que ela tenha permanecido em repouso absoluto pelo resto da gravidez.

E, mês a mês essas gramas se transformaram em um quilo, depois em dois, e por fim em três quilos e quatrocentas gramas ao final das trinta e nove semanas. Sim, se você for bom de conta, já entendeu que ela passou seis meses deitada numa cama, determinada, focada no objetivo e na graça divina de ser mãe.

Se você ainda não tinha se convencido do quanto minha mulher é foda, está aí mais um motivo!

Neste período de quarentena da Covid-19, perdi a conta da quantidade de conhecidos se lamuriando por ficar dois ou três meses dentro de casa; imagine se ficassem presos a uma cama como ela.

Para aumentar ainda mais esse esforço, todo mundo sabe que a administração do enxoval do bebê é o ponto auge da gravidez para as mães de primeira viagem. Mas coube a mim assumir essa tarefa; todo aquele encanto do enxoval da primeira gravidez, que por motivos claros ela teve que abrir mão.

Então, sozinho tive que comprar os móveis do quarto, definir decoração e comprar as primeiras roupas do bebê.

E claro que fiz um monte de merda. Até calça jeans comprei para o recém-nascido. Ainda bem que ele pode usá-la quando fez uns 2 anos de idade.

Afinal, "aquilo que não nos mata, nos fortalece". Eu adoro frases de efeito e ditos populares. Principalmente essas bem conhecidas. Elas são capazes de resumir qualquer mensagem de forma precisa.

Incrível como ela administrou essa frustração e tudo mais com uma sabedoria de mãe, mesmo antes de ser. Saiu da cama apenas por dois motivos: primeiro para ir ao cabeleireiro, pois não queria sair nas fotos do parto com cara de doente, e depois para ir à nossa paróquia agradecer por ter conseguido chegar até ali. E foi nessa missa que, por coincidência, fomos sorteados com uma imagem de Nossa Senhora de Fátima. Essas coisas que não entendemos, algo que como se ela dissesse: eu sempre estive por perto, não se esqueça.

Então, mesmo que contra a razão e a ciência, no dia 24 de novembro de 2010, pelas mãos do Dr. Renato Kalil, pela Graça de Deus e a intercessão de Nossa Senhora de Fátima, ele chegou.

Chegou o Davi.

Davi, aquele que é o amado de Deus.

E como é amado.

9

LOUCURA

O Manual de Doenças Mentais[8] define os transtornos relacionados a traumas e estressores, incluem distúrbios nos quais a exposição a um evento traumático ou estressante é listada explicitamente como um critério diagnóstico. Estes incluem transtorno de apego reativo, transtorno de engajamento social desinibido, transtorno de estresse pós-traumático (TEPT), transtorno de estresse agudo e transtornos de ajustamento.

O sofrimento psicológico após a exposição a um evento traumático ou estressante é bastante variável. Em alguns casos, os sintomas podem ser bem compreendidos dentro de um contexto baseado em ansiedade ou medo.

O que aprendi foi que é impossível passar por uma batalha de sofrimento como esta e sobreviver sem sequelas, ainda mais quando se perde uma quantidade generosa de neurônios do seu segundo cérebro; sim, do seu intestino.

E nós também pagaríamos esse preço.

O parto de um filho, em si, já é um trauma por demais pesado para as mulheres. Ao ponto de ser amplamente estudado pela medicina moderna, nos casos de depressão pós-parto. O estresse na gravidez ou durante o parto, a sensação de fragilidade do recém-nascido fora do útero e, claro, eles, sempre eles. Os hormônios!

O pós-parto é uma revolução hormonal da mulher. A saída da placenta, um órgão produtor de hormônios, causa um desequilíbrio drástico nas quantidades de hormônios liberados durante a gravidez. Essa avalanche louca de sentimentos, somados a uma

---

[8] Diagnostic and statistical manual of mental disorders. 5th ed. 2. Mental Disorders – classification. 3. Mental Disorders – diagnosis. WM 15.

crise de ansiedade causada pelas memórias do sofrimento até ali vividos, resultou numa bomba-relógio, cujo cronômetro já havia sido disparado para nós.

Só quem já foi pai de primeira viagem conhece o caos que é uma casa com um recém-nascido; naquela primeira noite depois de deixar a maternidade, quando você fecha a porta da sua casa, olha em volta e vê que agora o jogo é só com você, sua mulher e aquele serzinho que você trouxe do hospital, no carro a vinte por hora, todo amarrado no bebê conforto, com sua esposa pedindo para você ir ainda mais devagar.

Se você for um pobre mortal e não dispor de recursos, como uma enfermeira experiente, ou pelo menos da força de uma vovó para auxiliar no dia a dia, você vai sofrer um bocado.

Tentar encontrar uma nova rotina, em meio a noites em claro, mamadas, bicos dos seios rachados, trocas de fraldas, banhos, trocas de roupinhas, lavadas nas roupinhas e as cólicas. Ah, as cólicas! Um choro ensurdecedor que atravessa o peito e lhe dá a maior sensação de impotência do mundo, e que vem e vai do nada. Na velocidade de um pum.

Tudo isso repetido por meses, é um punk rock da mais pura realidade, bem na sua cara, que faz questão de desmentir qualquer glamour que a gravidez possa ter lhe dado nos últimos meses. E, nesse caos, tudo ficou ainda mais difícil. Surgiram várias complicações.

– Não vamos neste lugar que é perigoso.

Ou, então:

– Não vou expor o Davi a este risco –, dizia ela.

Do nada, no meio de um shopping, surgia um:

– Vamos embora para casa agora!

E nessa doidera dos primeiros meses ela voltou a se contorcer de dor na cama.

– Mas o que você tem? É endometriose? – Perguntava, aflito.

– Não sei o que é, parece uma gastrite. Não aguento mais, me leva para o hospital!

Caso você tenha ficado chateado com aquele casal de amigos que têm filhos pequenos e vive furando com você em todos os convites, por favor, esqueça, não é pessoal. É que a logística para sair de casa com um recém-nascido de primeira viagem é insana. Só quem conhece sabe como é. É mala, roupinha, mamadeira, fralda, brinquedo e o famigerado carrinho. Muito trabalho que, no meio do caminho, você desiste e fica em casa mesmo. Até porque você troca qualquer coisa por meia horinha de sono recompensadora nessa dinâmica dos primeiros meses.

Mas, mesmo assim, seguimos por noites e noites, de hospital em hospital, plantão e plantão, tentando cuidar daquela dor insuportável. Dor esta controlada à base de opioides. Os opioides são aqueles medicamentos com efeitos analgésicos e sedativos potentes que fazem com que as pessoas fiquem sonolentas ou também podem provocar euforia. Aqueles mais potentes, com direito a todos os efeitos colaterais que, claro, iriam cobrar o seu preço.

Ela teve que escolher entre a dor ou a amamentação. E logo nos primeiros meses o Davi passou para mamadeira.

Nosso mundo passou a se resumir ao nosso filho e ao nosso apartamento. Nada que oferecesse algum descontrole a esse microambiente era permitido.

Até que um dia, depois de vários plantões, conseguimos organizar uma endoscopia com o cirurgião gastrointestinal que havia participado da cirurgia de endometriose.

E ali no quarto, enquanto ela se recuperava do anestésico, o médico me encontrou e ligou o meu primeiro alerta.

– Olha, deu tudo certo, encontramos uma pequena gastrite, mas muito pequena. Porém, isso nem de longe é suficiente para justificar tamanha dor.

Espera aí, já vi esse filme, daqui a pouco vão começar a dizer que é coisa da cabeça dela. Só que dessa vez era. Porém, fechar esse diagnóstico não seria algo tão fácil assim, e isso se arrastou por quase dois anos após o parto do Davi.

Com direito a uma surtada minha e à necessidade de uma cirurgia adicional no intestino. Todo esse estresse trouxe consigo seus efeitos colaterais, até que um dia o intestino dela parou de funcionar, elevando o nível das dores para o insuportável.

Foi numa dessas noites em crise, no meio da logística de arrumar o filho para irmos ao pronto socorro, que eu surtei. Quem me conhece talvez nem consiga imaginar tal cena, mas nesse dia eu joguei a toalha.

– Eu não aguento mais! – Gritei no meio da madrugada. – Você enlouqueceu e quer me deixar louco também!

A acusei, já sem forças de encarar mais uma noite no pronto atendimento em busca do nada. E ela, sem se abalar com meus problemas, ligou o "foda-se" e disse:

– Fica aí, que eu vou sozinha.

Mas, claro que lá estávamos nós novamente, no tal do Centro de Controle da Dor. Porém, dessa vez em especial, nada parecia fazer efeito. E bem naquela noite que o médico chefe estava em viagem, num desses congressos médicos ou então somente de férias mesmo, fomos atendidos no plantão por um médico bem inexperiente. E claro, totalmente despreparado para o caso.

Como a queixa era a mesma, uma dor insuportável, logo o objetivo era tratar a dor. Esse foi o pensamento lógico do jovem doutor. E como a dor nunca sedia, chegamos a uma dose cavalar de um opioide. Bem acima dos padrões recomendados e totalmente fora dos protocolos. O jovem médico, mostrando-se todo prestativo, se colocou à disposição.

– Me ligue na hora que precisar –, disse ele.

Com certeza, com uma dose dessas, aquela noite seria inesquecível. E foi, pois a superdosagem gerou um surto, com direito a todas as alucinações e devaneios que uma pessoa chapada tem direito. Do nada me vi com minha mulher debaixo de um chuveiro gelado, tentando trazê-la para realidade, sobre socos e pontapés, ouvindo todos os xingamentos possíveis, os quais nem sabia que ela conhecia, acrescidos de várias acusações:

– Você não me ama! Você nunca me amou! – Dizia ela em meio a madrugada.

Depois de muita "briga", consegui contê-la e finalmente ela dormiu.

Claro que liguei para o jovem médico e relatei o caso. Pude imaginar a cara de desespero dele do outro lado da linha.

– Já te retorno a ligação –, disse ele com a voz ofegante. E até hoje estou esperando o seu retorno.

Mas o melhor foi o dia seguinte. Ela acordou sorridente, como se nada tivesse acontecido, sem nenhuma lembrança do vexame da noite anterior.

Nunca vou esquecer a cara dela de espanto, segurando a xícara de café com as duas mãos, enquanto eu relatava em detalhes o acontecido.

Se faltava alguma coisa para nos convencermos de que algo estava errado, aquela noite com certeza foi a última gota d'água num copo transbordando. E a muito contragosto ela se convenceu que precisávamos de ajuda.

FUI CURADO

– Psicólogo é coisa de doido! –, era o que ela argumentava. Um preconceito formado na cabeça da maioria das pessoas da nossa sociedade.

– O que eu vou fazer lá? –, era a sua pergunta retórica.

Depois dessa experiência toda, posso afirmar que a pergunta correta é: quem eu irei encontrar lá? E esse é o encontro mais difícil de aceitar. O encontro com suas mazelas, com o seu verdadeiro eu. Esse é o maior desafio de todo ser humano.

Tivemos a sorte de encontrar uma profissional bem experiente, e que já nos primeiros encontros percebeu que o buraco era mais embaixo e que o caso não tinha mais retorno. Assim, encaminhou minha esposa para um psiquiatra, que trabalhava em conjunto com ela, para que ele fechasse o diagnóstico que já era claro.

– O que você tem é Síndrome de Pânico! – Diagnosticou o médico, sem dúvidas.

Segundo o Manual de Doenças Mentais[9], o transtorno do pânico se refere a ataques de pânico recorrentes e inesperados. Um ataque de pânico é uma onda abrupta de medo intenso ou desconforto intenso que atinge um pico em minutos e durante o qual ocorrem quatro ou mais de uma lista de 13 sintomas físicos e cognitivos. O termo recorrente significa literalmente mais de um ataque de pânico inesperado. O termo inesperado se refere a um ataque de pânico para o qual não há nenhuma deixa ou gatilho óbvio no momento da ocorrência – ou seja, o ataque

---

[9] Diagnostic and statistical manual of mental disorders. 5th ed. 2. Mental Disorders – classification. 3. Mental Disorders – diagnosis. WM 15.

parece ocorrer do nada, como quando o indivíduo está relaxando ou saindo do sono.

Depois do impacto da notícia, dos questionamentos decorrentes, até o convencimento de que tudo realmente fazia sentido, começamos a encarar o problema de frente, iniciando o tratamento psiquiátrico com as devidas medicações necessárias. O que, de modo geral, também encontra muita resistência junto à população. E esse é mais um mito que precisa ser quebrado.

O que há de verdade é que existe muita ciência por trás de tudo isso, e que se furtar dela, para viver sofrendo por puro preconceito, é muita ignorância. Existem várias medicações capazes de melhorar, e muito, a qualidade de vida da maioria das pessoas, independentemente do problema; mas claro que com o devido acompanhamento médico.

E eu do meu lado, já de imediato, comecei a me questionar: ok, qual a minha parcela de responsabilidade nisso tudo?

Sim! Quando você decide viver uma vida inteira a dois, desde os primeiros anos da adolescência, começa a se perguntar onde a sua personalidade termina e a dela começa. Se eu gosto disso realmente ou gosto porque ela gosta? E por aí vai.

Ou seja, será que algo que eu fiz nos levou até esse ponto?

Então decidimos que nós dois precisávamos de tratamento psicológico.

E se existe alguma verdade nessa jornada, posso te garantir que a maior delas é que antes de melhorar vai piorar, e muito!

O que provavelmente não te contaram sobre o processo de tratamento psicológico é que um bom profissional não é aquele que irá resolver o seu problema, mas sim aquele que será capaz de guiá-lo para que você resolva os seus problemas sozinho.

E esse processo de autorresponsabilidade traz em si a necessidade de autoconhecimento. A necessidade de se despir de sua arrogância emocional, daquilo que você imagina ser ou quer ser, daquilo que você se tornou para agradar alguém, seja lá por qual motivo for. E isso não será agradável, nem tampouco prazeroso.

O problema é que esse processo de "encontro" consigo mesmo acontece desde as primeiras sessões, motivo pelo qual a maioria das pessoas desiste do tratamento de forma precipitada.

E a maior habilidade do psicólogo está em encontrar o melhor método para que tal processo flua da melhor maneira possível.

No meu caso, nossa psicóloga foi muito feliz. Criamos uma espécie de dialética, própria da mais tradicional filosofia, que me levou a construir uma linha racional sobre as minhas emoções e sentimentos.

Eu sempre me caracterizei por uma abordagem calma e serena diante de qualquer desafio ou problema, independente do tamanho ou da gravidade.

Inconscientemente aprendi que isso me diferenciava, e muito, da maioria das pessoas ao meu redor. E que eu entregava tudo que um bom executivo deveria ser aos olhos do mercado de trabalho de alta performance.

Um dos motivos pelo qual se explica a minha meteórica ascensão profissional.

Me comparavam àquele cara que desarma bombas, àquele que tem que decidir entre o fio vermelho ou verde, poucos segundos antes da bomba detonar. O homem de Gelo ou Coração Gelado.

Só que essa personalidade ficou impregnada em mim, e passei a entender que esta era a única forma de levar a vida.

Logo, nada mais me afetava. A reação diante de um grave problema ou uma grande vitória era a mesma: Ok, próximo assunto!

E claro que isso magoa as pessoas. Existe uma expectativa em cada uma delas, diante de cada uma dessas situações, seja um desespero profundo ou uma euforia extrema. E passar por eles de forma insensível chega a ser uma afronta para a maioria das pessoas.

No trabalho, até que tudo bem, mas quando você traz isso para casa, ou pior, quando você se torna pai, aí há um grande problema.

E nessa jornada me deparei com esse meu eu de gelo. Viajei ao longo de minha existência, desde as minhas primeiras memórias, para tentar identificar quando construí esse eu.

E nesta viagem cheguei às minhas memórias com meu pai. O quanto lutei para ter a sua atenção e o prazer que eu tinha em deixá-lo orgulhoso de mim. Do sorriso carinhoso dele em cada momento de reconhecimento e aprovação. E percebi que essa euforia tinha morrido com ele.

Por que vibrar, se aquele que vibrava comigo não está mais aqui?

Por que chamar a atenção, se não terei mais a atenção daquele que eu queria?

Por que ser um herói, se o meu herói não está mais aqui para me ver?

E num momento de iluminação percebi: Ok, meu herói não está mais aqui, mas meu filho precisa de um herói.

Ele precisa de um cara que sofra com ele, que vibre com ele. E acima de tudo que o ensine a lidar com todos esses sentimentos.

Assim, num momento de profundo despertar, encontrei o sentido da minha vida.

Essa é a cura. Seja lá qual for o trauma ou sofrimento pela qual você esteja passando, você deve buscar esse sentido. O sentido da sua vida é a verdadeira mola do fundo do poço em que você se encontra. É ela quem vai te jogar para cima.

E eu que entrei nessa jornada pela cura da minha mulher é quem foi curado. E entendi que o Amor cura. Que Ele me curou com seu Amor.

Percebi que nada era mais importante que minha família. E que, principalmente, eu tinha mulher para amar.

11

UM SUSPIRO!

Acredito que vocês tenham percebido que foram anos muito intensos. Foram cinco anos de muitas emoções, preocupações e também de muitas realizações.

Até que a poeira baixou, as coisas pareciam se assentar e estávamos conseguindo respirar um pouco.

Mas uma das várias coisas que aprendi com a endometriose é que, quando as coisas se acalmam, parece que ela faz questão de chamar, de dizer um oi.

Aquela típica visita inconveniente, que do nada resolve aparecer sem avisar.

Minha esposa, entre outras coisas, começou a se queixar com mais ênfase de dores nas relações sexuais, por isso decidimos redobrar os cuidados preventivos da doença.

Voltamos ao consultório do Dr. Paulo Ayroza e começamos a bateria de exames protocolares. E logo identificamos que aquela área de fibrose agora era uma lesão ativa de endometriose. E foi ali que o Dr. Paulo foi cirúrgico sem sacar o bisturi:

– É a hora de vocês pensarem em uma nova gravidez!

Gravidez? Lembre-se, um dos tratamentos para endometriose é a gravidez.

Minha cabeça começou a girar a mil por hora e só restaram dúvidas sobre esse tema.

Claro, pelo trauma da primeira e o medo de ver minha esposa passar por todo aquele sofrimento novamente, deitada numa cama por seis meses, mas também por uma questão prática.

Quando seu filho chega aos cinco anos de idade, ele cria uma pequena independência. Já não usa fraldas, quase nem mais faz xixi na cama. Vai para escola meio período. Dorme bem no quarto dele. É capaz de tomar um banho e trocar a roupa sozinho. Se comunica bem. Quando está com fome, ele fala; quando está com medo ou frio, também, ou qualquer coisa que lhe incomode.

Somando à possibilidade de uma gravidez de risco novamente, também havia a perspectiva de voltar a ter que cuidar de um bebê sem nenhuma rede de apoio. Vou ser sincero, deu aquela preguiça.

Porém, naquele momento a falta de um irmão já incomodava e muito o Davi. Constantemente ele nos questionava sobre a possibilidade. E se somente isso não fosse motivo, minha esposa ainda tinha aquele sonho de menina (aquele dos dois capetinhas). Somando-se a tudo isso, ainda tínhamos a possibilidade de estabilizar ou até mesmo regredir a doença. Ou seja, eu não tinha a menor hipótese de dizer não.

Era abril de 2015; depois de tudo que passamos, consegui tirar uma semana de férias no Recife – nossa, como adoramos aquele lugar. E assim partimos nós três para lá. Mas, voltamos em quatro.

Grávidos!

Mas já? E agora? Já ficamos naquela neura: quando as contrações irão começar? Será que ela irá passar por tudo novamente?

Mas ao contrário disso, os dias foram passando, aquela barriga enorme foi ganhando forma e em 11 de janeiro de 2016 chegou quem faltava, chegou o Miguel. Um molecão enorme com mais de quatro quilos.

Tudo parecia ótimo, já que as preocupações das gestações tinham ficado para trás. A preocupação parecia ser apenas como carregar esse cara de mais de quatro quilos por aí, mas a realidade dura foi bem mais complexa e não teve graça nenhuma.

Lidar com os seus dois primeiros anos de idade foi o maior desafio das nossas vidas.

Os primeiros dias foram de pânico absoluto, a cada mamada ele se engasgava e do nada apagava. Simplesmente não conseguia voltar sozinho.

Só em meus braços foram oito ocorrências. Oito vezes em que vi meu filho ir embora e em segundos voltar do mundo dos mortos.

Num instante ele estava sorrindo como qualquer bebê gorducho, e no segundo seguinte roxo como um cadáver.

Aprendi aqui, da forma mais dura possível, que um segundo leva muito mais tempo para passar que uma hora ou um dia, depende apenas do nível de desespero que o cerca nesse período de tempo. E no nosso caso esse tempo era uma eternidade.

A mãe, depois do primeiro mês, parou de contar quantas vezes ele "engasgava". E nessas coisas divinas que nossa pequena existência não é capaz de explicar, ela aprendeu. Somente ela era capaz de aguentar esse desespero e do jeito dela trazê-lo de volta.

No *site* da Academia Brasileira de Otorrino Pediátrica você irá encontrar a seguinte definição: a laringomalácia (LM) é a anomalia congênita da laringe mais comum, atingindo cerca de 65 a 75% da população pediátrica e corresponde a cerca de 60 a 70% dos casos de estridor em crianças menores de 1 ano de idade. Comumente, tem curso benigno e resolução espontânea dos sintomas.

Sua etiologia ainda é incerta. Porém, existem múltiplas teorias que tentam explicá-la. A mais aceita atualmente é a de imaturidade neuromuscular (hipotonia neuromuscular) com alteração do tônus laríngeo.

O principal sintoma é o estridor inspiratório, que pode piorar com choro e agitação ou na posição supina, e melhora quando a criança fica em repouso ou faz uma hiperextensão cervical. Pode haver outros sintomas associados, como engasgos, cansaço ao mamar e dificuldade de ganho de peso. Crianças com comorbidades tendem a apresentar quadros mais graves de LM.

Além disso, a intensidade dos sintomas pode variar com o grau da obstrução. Nos casos leves (40% dos casos) a voz e o choro são normais, e a criança apresenta o estridor inspiratório, sem outros sintomas associados. Nos moderados, podem apresentar também tosse, engasgos, regurgitação e dificuldade de alimentação. As formas graves (10 a 20% dos casos), podem ter presença de apneia, cianose, dificuldade de ganho ponderal, hipertensão pulmonar e até cor pulmonale.

Para nós, a laringomalácia era o "engasgo".

Eram noites em claro no sofá da sala, onde ele era encaixado numa posição de menor risco.

Era um nível de atenção desumano a cada tarefa diária. Tudo era cercado de muita concentração. Dar banho, dormir, comer e beber, eram tarefas desgastantes.

Por mais de um ano ele tomou água apenas por um pano molhado, que a mãe umedecia e colocava em sua boca, para que ele chupasse a fim de matar a sede.

Uma luta solitária dela.

Uma luta diária, lenta e de muito amor.

Se você ainda não se convenceu de como minha mulher é foda, está aí mais um motivo.

Eu, por medo, criei um bloqueio. Fiquei por quase um ano sem pegá-lo no colo direito. Só de imaginar o pavor da cena dele desmaiando, eu me travava por completo.

E esse cara foi um lutador! Faz jus ao nome de guerreiro. É emocionante vê-lo hoje correndo e pulando pela casa, sem ter sequer uma sequela cognitiva; pelo contrário, é esperto demais, faz batalhas de tabuadas, anda de skate, joga basquete, luta taekwondo e está sempre disposto a ajudar alguém por aí, principalmente se esse alguém tiver quatro patas e latir.

Faz a mãe andar com ração e remédios no carro, e não pode ver um peludo abandonado no caminho, pois temos que parar para ajudá-lo de alguma forma.

Ele é daqueles que te amam pelo olhar. Impossível resistir.

E como tudo nessa vida passa, hoje ele está curado, mas mesmo assim ainda não conseguimos dormir uma noite completa de sono. Continuamos a acordar a cada suspiro mais profundo ou uma tosse qualquer durante a madrugada.

Virou um hábito. Acho que nunca vai passar.

12

NÃO ME FALE DAQUELE PARQUE LÁ DA FLÓRIDA

Ainda hoje visitar o Disney World® deve ser o sonho de nove de cada dez brasileiros, independentemente da classe social. Só que isso lá no meio dos anos 1990 era algo utópico para a imensa maioria das pessoas, mesmo que naquele período o Brasil provavelmente vivesse em um dos melhores momentos da nossa economia, no que dizia respeito à valorização do real frente ao dólar.

Era algo muito distante, algo que imaginávamos apenas pelo que víamos pela televisão, dado a restrita tecnologia e a pouca oferta de meios de comunicação disponíveis à época.

Então era aquele sonho que ficava bem para depois dos outros. Primeiro comprar o carro, depois se casar, depois a casa própria e bem depois de outras tantas coisas, talvez um dia conseguir fazer uma viagem dessas.

Ver o castelo da Cinderela de fato era algo digno da mais pura fantasia. No começo dos anos 2000, tinha até uma brincadeira comum entre vários amigos: se você por acaso visse um adulto com aparelho nos dentes e que tinha conseguido ir para Disney®, significava que essa pessoa teve sucesso na vida.

Conosco não foi diferente e claro que planejamos essa viagem umas dez vezes.

O aparelho eu usei por uns três anos – e, diga-se de passagem, melhorou demais o meu sorriso –, agora ir à Disney® foi mais complicado.

Pode-se dizer que é coincidência, falta de sorte, sei lá, mas aqui em casa esse tema é proibido.

Todas as vezes que juntamos a grana e realmente começamos a colocar a viagem em prática, a endometriose dizia: vocês não vão, não. E lá se iam os recursos da viagem para pagar mais uma cirurgia de alta complexidade.

Foi assim antes da primeira cirurgia, quando tentamos mudar o foco das dores e frustrações com a realização do sonho de infância, mas rapidamente mudamos os planos com o diagnóstico da endometriose.

E também foi assim dez anos depois da primeira cirurgia, com a vida já mais em ordem e com o diagnóstico de cura do Miguel. Depois de tudo que passamos, decidimos: vamos realizar esse sonho!

Porém, desde sempre, mesmo com todos os exames de rotina, minha esposa sempre se queixava de uma dor profunda na altura do sacro.

Com tantos anos de convivência, eu consigo ver a dor no rosto dela.

Sempre a questionava:

– O que você tem?

E ela sempre respondia:

– Tô com aquela dor estranha lá trás.

Mesmo assim fomos levando a vida, até porque dores sempre fizeram parte da nossa.

Só que nessa época ela começou a se queixar de uma dor estranha, que começava na lombar, passava pelo quadril e se irradiava pela perna.

– Isso é uma inflamação no ciático –, cravaram os palpiteiros de plantão.

Seria até normal, porque quando se passa dois anos da vida dormindo no sofá e segurando um bebê de mais de quatro quilos, vinte quatro horas por dia e sete dias por semana. E lá se foi ela, atrás de exames e mais exames.

Quando conseguimos fazer o exame de controle da doença com a Dra. Ana Luisa Nicola em São Paulo, a doença reapareceu. A endometriose havia tomado grande parte dos nervos da pelve da minha esposa, especificamente os do plexo hipogástrico, e uma cirurgia de urgência seria necessária.

Respiramos fundo, nos preparamos para o combo completo, que claro incluía o Zoladex®, em meio a tentar digerir o impacto dos riscos dessa nova cirurgia, dada a localização dos focos.

E lá fomos nós novamente para o Hospital Maternidade São Luiz do Itaim, só que dessa vez seria necessário a utilização de robôs.

Sim, a cirurgia foi executada por robôs, brilhantemente controlados pelo Dr. Paulo, já que o mínimo erro de cálculo comprometeria o funcionamento de partes consideravelmente importantes e dependentes dos nervos da pelve.

Para retirada de todos os focos da doença, por consequência, todos os nervos ficaram expostos a fibroses e aderências, e um dos ramos de nervos da bexiga foi extraído por completo.

No pós-cirúrgico, mas já sob efeito do Zoladex®, passamos também a nos depararmos com as principais sequelas dessa cirurgia: a perda parcial da funcionalidade da bexiga e as dores neuropáticas. Desde essa segunda cirurgia, fazer xixi deixou de ser uma tarefa comum para ela e, de certa forma, ainda hoje convivemos com as dores neuropáticas.

Nessa fase conhecemos dois grandes aliados ao tratamento da endometriose: alimentação e autoestima.

O primeiro chegou através de acompanhamentos com nutricionistas, que consistiam numa suplementação alimentar diversificada que ia de ômega à cúrcuma, mas principalmente a adaptação do cardápio para uma dieta baseada em *low fodmaps* e *glúten free*.

Essa dieta consiste em evitar determinados conjuntos de alimentos que são mal digeridos pelo organismo e/ou causam inflamações.

Na prática, as restrições partem de cebola e alho, passam por carne vermelha, leite e derivados e vão até pães e macarrão.

Na vida, já perdi a conta de quantas vezes começamos e não continuamos uma dieta.

Porém, nesse caso entendemos que isso só daria certo se tivéssemos o propósito de encará-la como uma mudança de hábito. Ou seja, não poderíamos ter o macarrão das crianças e o da mamãe separados. Até porque isso não seria prático no dia a dia, e no primeiro estresse a dieta seria abandonada.

Mas como criar um cardápio adequado e principalmente atrativo para todos os integrantes da família? Como não impactar a rotina alimentar das crianças e tornar a alimentação de todos um sofrimento?

Lembra que eu sou o cozinheiro aqui de casa?

Então o desafio caiu aqui no meu colo.

Agora eu tinha não só que cozinhar, mas também garantir que ainda ficasse saboroso para todos. E vou te contar que, para mim, de ruim isso não tem nada.

Cresci do lado de vários fogões, de várias mulheres queridas que fazem parte da minha vida. Minha mãe foi a principal delas, claro. Mas como não lembrar das minhas tias queridas. Os doces da minha tia Inêz, a feijoada da tia Deolice, o arroz-doce da Dina, o bacalhau da tia Prazeres e o macarrão da tia Maria. E, claro, também o churrasco do meu pai, que é inesquecível.

Entendi com essa turma que cozinhar é antes de tudo um ato de amar. É uma das formas de se entregar amor.

Então, se você quer me ver feliz, é só me deixar cozinhar para você.

É como minha mãe diz: esse gosta de inventar moda!

Assim uso todas as minhas experiências gastronômicas e toda minha criatividade para adequar os pratos preferidos da família.

E o cardápio só aumenta, procuro me manter ativo e inventivo a cada novo desafio. Toda vez que alguém vem com aquele discurso de estar com vontade de comer "tal" coisa, vou logo tentar dar um jeito de adaptar e fazer ficar saboroso. E entre uma escorregadinha e outra na dieta – já que ninguém é de ferro – a gente faz dar certo, sem que ninguém precise sofrer para se alimentar ou se lamentar por aquilo que não pode comer.

Agora o segundo aliado foi mais complexo.

Quando o peso da meia-idade chega para as mulheres, os primeiros questionamentos sobre as rugas, as estrias e celulites, começam a ficar mais sérios. Ainda mais quando são somados aos efeitos do Zoladex®.

Como tudo na vida tem seu lado bom, esses questionamentos e lamentações permitiram à minha mulher se despir de velhos preconceitos e olhar para sua autoestima com a seriedade que ela merece. Rapidamente conseguimos transformar a autocrítica em autorrealização.

E a lamentação mais importante lhe apertava o peito desde a adolescência, na realidade lhe faltava. Ela sempre teve um complexo muito grande com o tamanho dos seus seios, depois da amamentação e principalmente do Zoladex® isso realmente virou um problema enorme.

Só que o dilema em fazer mais uma cirurgia, de entrar mais uma vez num centro cirúrgico e receber mais uma anestesia, sem uma real necessidade clínica, não saía da cabeça dela.

Por que encarar esse risco só por um desejo estético?

A resposta é: e por que não?

Se te incomoda tanto assim, porque não resolver isso logo de uma vez.

E assim lá se foi ela, ainda meio na surdina, com medo dos olhares críticos de plantão, realizar o sonho de menina. E o mais incrível é o questionamento que veio depois:

– Por que não fiz isso antes? Por que não me permiti resolver um problema de autoimagem, que me atrapalhou a vida toda, só por medo da opinião dos outros?

Se você está nessa, esqueça e se jogue! Para que deixar para amanhã a realização de hoje?

Já as outras, na realidade, foram constatações. Dizem que os 40 são os novos 20, numa alusão à fase áurea das mulheres no passado. O entendimento que hoje com a emancipação feminina e a maturidade, essa é de fato a idade em que a mulher está vivendo o seu auge.

Porém, é inegável, colágeno é vida.

Depois que ela conheceu os benefícios dos bioestimuladores, do Botox® e dos preenchedores, a vida dela mudou para sempre.

Essa possibilidade de decidir como envelhecer e, principalmente, reverter alguns dos efeitos do Zoladex® no corpo dela, é de muito empoderamento.

E não vou negar, ela está cada vez mais linda.

Alimentação e autoestima, juntos, são um santo remédio, acreditem!

Essa fase, logo após a segunda cirurgia, foi de grande complexidade. Com muitas dúvidas, tentativas, acertos, arrependimentos e conquistas, tudo isso muito agravado pelo período de isolamento social imposto pela Covid-19. Porém, assim como com a Covid, aos poucos as coisas foram se ajeitando e fomos encontrando meios de melhorar a qualidade de vida dela. Veio a telemedicina, por exemplo, e conseguimos mais acesso aos recursos que tínhamos em São Paulo.

Nesse período pós-Covid, todo mundo estava tentando formas de retomar a vida, seja lá do ponto de partida que se encontravam. E com minha família não foi diferente, eles retomaram o projeto de uma viagem para Disney®, cancelada em função da pandemia.

Seria a celebração dos 15 anos da nossa afilhada e boa parte da minha turma estava pronta para ver o Mickey®. Mesmo que minha afilhada já estivesse com quase 18 anos.

Realmente cogitamos fazer parte dessa viagem e quando comecei a levantar os orçamentos, adivinhem quem apareceu novamente?

Parte do plano para ganhar qualidade de vida era a prática regular de alguma atividade física. Contudo, sempre que minha esposa fazia qualquer esforço, voltava para casa com queixas de dores na região cervical e uma fadiga extrema.

E lá se foi ela atrás de alguma hérnia ou algo assim.

Mas foi durante mais um exame de controle que encontramos novos focos da doença espalhados pela caixa torácica, uma adenomiose severa; e, pior, novos possíveis focos na região da pelve.

Isso tirou nosso sono, pois novos focos em outros ramos dos nervos da pelve inviabilizaram o funcionamento da bexiga e o controle urinário dela. Logo, a condenariam ao uso de um cateter vesical pelo resto da vida.

Foi uma terrível notícia e confesso que não esperava. Sei lá, na minha lógica de leigo, foram 10 anos entre a primeira e a segunda cirurgia, de certo seriam mais uns 10 anos até a próxima. Mas agora tínhamos uma terceira, apenas com pouco mais de 2 anos de intervalo.

E com todo cuidado do mundo, o Dr. Paulo nos sugeriu uma histerectomia, ou seja, a retirada total do útero.

Não é fácil propor a retirada do útero para mulher. Sei lá, olhando como homem e tentando entender, deve ser meio como se me propusessem arrancar as bolas do saco.

Confesso que por mais traumática que a retirada de um órgão seja ou a possibilidade de uma perfuração do pulmão na retirada dos focos do diafragma, nossa preocupação se concentrava na funcionalidade da bexiga e no risco da autocateterização para toda vez que ela precisasse urinar.

Pedi muito a intercessão de Nossa Senhora e, por fim, os focos da bexiga não se confirmaram, eram fibroses da segunda cirurgia, mas lá se foram o útero e outros tantos focos.

Graças a Deus, ainda com certa dificuldade e limitação, ela segue recuperando as funcionalidades da bexiga, a fadiga vem melhorando a cada novo dia e vamos buscando melhorar a sua qualidade de vida na medida do possível.

É muita coincidência, eu sei. Mas você vai concordar comigo, melhor não arriscar. Não que eu seja um cara supersticioso, porém decidimos que é melhor tirar essa opção dos nossos roteiros de viagem. Só por precaução mesmo.

Se o Mickey® realmente quiser nos conhecer, ele que venha para o Brasil.

13
SINTA ESSA BRISA!

Decidir viver em uma das maiores cidades do mundo tem seu preço.

Sempre brinco que se você pensa em um dia viver na cidade de São Paulo, faça isso enquanto você é jovem. Naquela fase em que você está com todo o gás, disposto a encarar qualquer sacrifício para se desenvolver na vida e na carreira.

Você com certeza será recompensado, pois essa é a cidade das oportunidades. Porém, ela cobrará o seu preço, seja pela sua saúde física, mas principalmente pela sua saúde mental. É muito estressante, saiba disso.

Adoramos essa cidade do fundo do coração e até hoje quando sentimos aquele cheiro horrível do rio Pinheiros, realmente temos a sensação de estar em casa. Mas depois de mais de vinte anos vivendo nessa metrópole monstra, depois de uma hérnia cervical, de perder a minha vesícula, de ver as minhas taxas de colesterol e triglicerídeos subirem às alturas, vou ser sincero, o meu prazo de validade já havia vencido.

Mesmo tendo criado aquele estilo de vida *fake*, das bolhas de conforto e segurança dos condomínios clubes que se proliferaram pela cidade ou ao redor dela, convenhamos, a vida numa metrópole não contribuía em nada para o tratamento da minha esposa.

E a cada trânsito nosso de cada dia, eu só pensava em encontrar um lugar melhor para criar os meus filhos.

E foi num desses encontros malucos que a vida me beneficiou. Comecei a desenvolver alguns negócios no litoral do estado de Santa Catarina. Confesso que não acreditava existir essa possibilidade de vida no Brasil. Então, assim, meio que no supetão, já estávamos morando na praia.

O sonho de todo brasileiro.

Não vou mentir que no começo foi bem difícil, até porque quando você decide trocar uma cidade com mais de 12 milhões de habitantes para morar num estado cuja população total é de 7 milhões, e pior, ainda escolhe uma cidade com pouco mais de 200 mil pessoas, fica até difícil explicar essa diferença. Ninguém acredita quando digo que talvez esse número seja o fluxo de pessoas de um final de semana qualquer num dos principais shoppings de São Paulo. Só quem experimentou essa possibilidade de fato irá entender.

Tanto que no primeiro ano por pouco não voltamos.

Foi difícil para nos adaptarmos à rotina e à característica dos moradores locais, mas aos poucos conseguimos desacelerar o pensamento e criar uma metanoia. Percebemos que os errados éramos nós. E que éramos nós que deveríamos nos adaptar àquela rotina mais simples. Simples em todos os aspectos, seja na cultura, na qualidade do ensino para os meninos, no consumo ou no entretenimento.

Adaptação para termos algo muito mais valioso, em contrapartida. Incalculável, na verdade. Conseguirmos ter mais tempo.

Tudo ficou mais fácil, mais rápido e dinâmico. E pudemos apreciar um pouco mais a vida, num estilo menos pragmático e mais *easy going*.

O mar é terapêutico, posso afirmar.

Sentar-se na praia, enfiar os pés descalços na areia grossa, sentir o sol arder o rosto e a brisa do mar invadir os sentidos é divino.

Só que ficávamos bem incomodados quando sentíamos aquela outra brisa típica do litoral, aquela bem azeda.

Sempre fomos muito caretas com relação às drogas, tanto que fui voltar a beber uma cerveja somente com quase meus quarenta anos.

Só de imaginar algo que pudesse diminuir a minha sensação de controle, algo que pudesse impactar na minha capacidade de discernimento já estaria fora de cogitação. E sempre carregamos muito preconceito para com quem passasse da conta no álcool ou mesmo curtisse aquele cigarrinho de maconha. Caso acontecesse, logo já estávamos mudando de turma e evitando os mesmos ambientes.

Até porque em nossa mente, "queimar um azedo" era uma contravenção, coisa para se fazer na surdina, na calada e longe dos olhos dos outros. Coisa de marginal mesmo, na exatidão da etimologia da palavra.

Porém aqui no litoral é diferente. Ninguém tem esse pudor, não. Qualquer lugar é lugar. E não é difícil ver um trabalhador indo para obra fumando o seu "bagulho" enquanto pedala a sua bicicleta, ou um engravatado "apertando um" no carro enquanto espera o semáforo abrir.

E na praia, meu amigo, na praia é terra de ninguém. Se a brisa do azedo te incomodar, você que mude seu guarda sol de lugar, simples assim.

Então fomos nos acostumando ou nos obrigando a conviver com a "erva" e com quem faz uso dela.

E a bem da verdade, é como diz o poeta: "é amargo o sabor da vida adulta".

Numa analogia de como seu paladar vai se desenvolvendo conforme sua maturidade vai chegando, basta analisar a quantidade de café que você bebe e claro como aquela cervejinha de fim de tarde fica deliciosa.

É boa demais aquela sensação incrível de colocar o superego para descansar e poder ser um pouco mais de você mesmo. A sensação de mostrar mais da sua verdade e menos de como você quer que as pessoas lhe vejam é libertadora. Claro que com a devida moderação.

E talvez essa relaxada nos permitiu enxergar outras muitas possibilidades.

Quando você sofre de dores, principalmente as neuropáticas, você não medirá esforços para encontrar algo que lhe conforte um pouco e que lhe garanta alguma melhoria na sua qualidade de vida.

E uma daquelas gratas surpresas da nossa vida foi o encontro com a Dra. Sheila Fernandes; aquelas coisas que quando acontecem nos levam, no mínimo, a pensar numa real presença divina em nossas vidas.

A nossa ideia inicial era apenas encontrar um médico para executar os planos traçados pelo Dr. Paulo em São Paulo, que pela distância tinham suas dificuldades, principalmente quando falamos da prescrição de medicamentos controlados. Mas a Dra. Sheila, que é uma psiquiatra aqui da cidade, sem nenhuma pretensão entrou em nossa vida em um momento chave.

Quando minha esposa estava mais frágil, quando ela tinha mais dúvidas, quando ela mais abraçava o sofrimento, na prática, quando ela mais precisava de ajuda, encontrou o acalanto necessário no consultório da Dra. Sheila. Principalmente depois que passou o choque inicial da doutora na primeira consulta – assim como em todas outras tantas primeiras consultas de tantos outros médicos –, que é o impacto que todos os médicos têm diante dos laudos cirúrgicos.

– Como você passou por tudo isso e tem força para ir em frente? – Foi o questionamento da doutora. A partir deste momento ela se viu imbuída em encontrar o melhor tratamento possível, com a missão de tentar minimizar o sofrimento da minha mulher.

Assim, numa consulta qualquer, minha esposa estava debatendo com a Dra. Sheila. E a essa altura vocês já entenderam como ela faz; um dilema se apresentou.

Ocorre que o tratamento para dor crônica, dentro da medicina tradicional, estava limitado ao uso das drogas que variam entre antidepressivos, anticonvulsivantes e relaxantes musculares, e a tentativa das suas associações.

Desvenlafaxina, Amitriptilina, Pregabalina, Fluoxetina, Duloxetina, Gabapentina e o Baclofeno foram alguns dos caras que passaram por aqui. Vai por mim, não pesquisem esses nomes no Google®.

Depois de muito tentar determinado remédio, junto com aquele outro, ou até mais de dois ao mesmo tempo; depois de tentar ajustar doses, de ter uma experiência frustrada atrás da outra, conseguimos uma associação que garantia alguma qualidade de vida.

Tratava-se de uma dose matinal mínima de Desvenlafaxina, um antidepressivo potente que também atua alterando a forma como os nervos processam a dor. Além de uma dose noturna – que para "ajudar" era via supositório – de Gabapentina associada ao Baclofeno, já que a Gabapentina tinha comprovada eficácia ao tratamento das dores causadas por danos nos nervos, e o Baclofeno atuava como relaxante muscular.

Parecia que tínhamos encontrado um caminho, porém a administração via supositório ficou inviável, em função da síndrome do intestino irritável que ela carregava como consequência da primeira cirurgia. E o pior de tudo, um dos efeitos colaterais de toda essa turma aí é justamente interferir no funcionamento das funções urinárias.

Ok, tínhamos um quadro de dor diminuindo. No entanto, considerando que minha esposa agora tinha somente um dos ramos de nervos da bexiga, ela parou de fazer xixi e começou a emendar uma infecção urinária atrás da outra.

A situação era fazer xixi e sentir dor, ou ficar sem dor e passar a usar um cateter vesical.

E num desses momentos de desespero ela fez a seguinte brincadeira para Dra. Sheila:

– Acho que vou começar a fumar maconha e viver bem doida o dia todo.

E sem deixar a bola pingar duas vezes a doutora já emendou:

– Você já pensou em usar Cannabis Medicinal?

Milhões de pessoas ao redor do mundo estão buscando essa alternativa para tratar diferentes sintomas, condições e circunstâncias de vida.

Os termos "Maconha Medicinal" ou "Cannabis Medicinal" são sinônimos em vários países e podem ser usados com precisão para descrever qualquer formulação legalizada de Cannabis destinada a fins medicinais, independente de conter ou não tetrahidrocanabinol (THC).

A planta Cannabis foi cientificamente comprovada por possuir propriedades medicinais, e isso não é mais uma suspeita ou especulação, conforme apresentado no Cannabis Medicinal no Brasil[10].

Maconha? De verdade? Isso nunca passou perto da nossa imaginação e minha esposa ainda brincou:

– Você acha que Dr. Paulo vai concordar com isso?

Puro preconceito de quem só foca na medicina alopática e perde a chance de conhecer todas as oportunidades que a medicina alternativa e/ou integrativa pode lhe oferecer.

E para nossa surpresa, o Dr. Paulo não só concordou, mas também recomendou. Começou a contar os diversos casos de sucesso de várias pacientes com dores neuropáticas que tiveram uma significativa melhoria na qualidade de vida após o uso da Cannabis Medicinal.

No caso da dor crônica, é importante ressaltar que se trata de um problema global, sendo definida como dor que persiste por mais de três meses, podendo se apresentar como dor de cabeça, dor musculoesqueléticas, dor visceral, dor neuropática ou dor decorrente de outras doenças, como reumática e câncer.

Os estudos pré-clínicos indicam que os mecanismos do efeito analgésico dos canabinóides incluem a inibição da liberação de neurotransmissores e neuropeptídeos das terminações nervosas pré-sinápticas, modulação da excitabilidade pós-sináptica dos neurônios, ativação das vias inibitórias descendentes da dor e redução da inflamação neural.[11]

Ocorre que comprar a Cannabis Medicinal na época não era assim tão fácil, à primeira vista era uma burocracia digna do Brasil. Tanto que a certa altura do processo brinquei com ela:

---

[10] CALLADO, Thiago; LO PRETE, Ana Cristina; KISHI, Margarete Akemi. **Cannabis Medicinal no Brasil**. 1. ed. São Paulo: Cia. Farmacêutica, 2021. p. 28.

[11] *Ibidem*, p. 102.

– Acho mais fácil você pedir um trago ali para os meninos da praia.

Aquela situação típica da hipocrisia do Brasil, onde é mais fácil fazer o errado do que o certo.

Hoje, ainda que entre sustos, polêmicas, ameaças e interesses duvidosos, o fornecimento do óleo de Cannabis está mais organizado e facilitado para quem necessita.

Eu já disse que minha esposa é uma CDF, certo? Assim mesmo em maiúsculo. Ela começou a estudar o uso, a produção, a aplicação, as variações dos tipos de óleos, a composição, os produtores locais e internacionais. Fez cursos junto com médicos, fez cursos para veterinários, enfim, se você quiser saber sobre Cannabis pode pergunta-la. No mínimo, ela lhe dará boas dicas.

Agora se você acha que ela anda por aí com um cigarro bolado no bolso e vive doidona na brisa, pode tirar essa imagem da sua cabeça. Atualmente há muita ciência em torno do tema.

Claro que não é como comprar uma droga qualquer na farmácia e tomar de 12 em 12 horas ou outra coisa do tipo. A Cannabis Medicinal prioritariamente é ministrada em óleos como veículos, tendo como base duas principais moléculas, o CDB e o THC.

Os canabinóides são o principal grupo de moléculas responsáveis pelos efeitos medicinais da planta. Devido aos avanços da tecnologia analítica, mais de 140 canabinóides foram identificados na planta de Cannabis até o momento.

Tetrahidrocanabinol (THC): é o canabinoide que tornou a planta Cannabis tão famosa. Isso se deve em parte ao fato de que as cepas produtoras de THC foram cultivadas preferencialmente devido aos efeitos psicoativos, analgésicos, antieméticos, sedativos e estimulantes do apetite.

Canabidiol (CDB): é o segundo canabinoide mais abundante na Cannabis. Ao contrário do THC, o CDB não é psicoativo e oferece propriedades anti-inflamatórias e anticonvulsivantes.[12]

---

[12] *Ibidem*, p. 50.

A composição delas é determinante para o sucesso dos tratamentos. Ou seja, não é igual para todo mundo. E o principal, a concentração delas nos óleos impossibilita totalmente que alguém fique doidão com o seu uso. No máximo pode lhe dar uma "larica".

Caso você ainda esteja limitando o seu tratamento à medicina tradicional, seja lá qual for a mazela que lhe aflige, no mínimo vale questionar seus médicos sobre a medicina alternativa. E se ainda lhe faltam argumentos, saiba que o canabidiol mudou nossa vida e principalmente a nossa perspectiva sobre ela.

Se apenas afastar definitivamente a possibilidade do uso de uma sonda já seria um resultado mais do que ideal, a Cannabis Medicinal foi além. Hoje ela reduziu significantemente o uso de medicamentos tradicionais, e por consequência seus efeitos colaterais. Melhorou a sua qualidade de sono, a prisão de ventre, a ansiedade e principalmente a dor.

E para nós, que mudávamos de lugar só por sentir a brisa do azedo chegando, por ironia hoje esse tratamento não sai daqui de casa e não nos furtamos em indicá-lo para quem precisa e possa ajudar.

Então, no mínimo, abra a cabeça e conheça essa brisa.

14

AQUELA FRUSTRAÇÃO

O tamanho do órgão sexual masculino sempre foi objeto de grande preocupação para maioria dos homens heterossexuais que conheço. Sobretudo na adolescência, quando os hormônios começam a se manifestar de forma mais intensa e os meninos começam a reparar nos olhares mais insinuantes das meninas.

Porém, diferente do universo feminino, entre os meninos não tem essa de ir ao banheiro junto ou experimentar roupa na frente do amigo. Pelo contrário, mesmo no esporte, compartilhando o vestiário, ou então na balada, compartilhando o mictório ao lado, qualquer mínima possibilidade de dar uma conferida na "peça" alheia já virá carregada de grande preconceito, tiração de sarro ou até mesmo questionamento mais severos por parte do colega.

Ninguém, absolutamente nenhum menino, quer ficar estigmatizado na adolescência como o "manja rola". Então, mesmo que fazendo uso de réguas, teorias de onde o membro começa e onde ele termina, a não ser que você seja um cara extremamente bem dotado, daqueles que a natureza não deixará qualquer questionamento no ar, irá pairar a dúvida se você está na média, abaixo ou acima dela.

Mas claro que você não vai sair perguntando para um colega o tamanho da "peça" dele. Primeiro que ele já vai dar aquela zoada na sua cara, dizendo que você está muito interessado nele. Segundo que mesmo que ele fosse muito seu amigo, provavelmente aumentaria uns três centímetros na resposta. O que só lhe aumentariam ainda mais as suas dúvidas.

E a realidade é que a média do tamanho do pênis do brasileiro está ali entre 14 e 16 centímetros, bem distantes dos 18 centímetros que todos dizem possuir.

Mal sabia que isso tem pouca relevância na realidade, como diz o ditado: não importa o tamanho da ferramenta, mas sim o que você sabe fazer com ela.

Porém, durante a nossa vida sexual, sempre fui induzido a acreditar que eu era muito mais bem dotado do que eu sou de verdade. Tudo por causa da endometriose.

Claro, pois uma das principais queixas, dentre tantas outras, das mulheres acometidas pela doença é a dor durante a relação sexual. E no nosso caso não foi diferente. Então aquela posição mais arrojada ou dependendo do período de mês sempre ouvi algo do tipo:

– Não, assim dói. – Ou:

– Hum, doeu muito hoje.

Num primeiro momento e de forma bem egoísta, claro que pensei: nossa, minha peça é tão grande que até machuca.

Só que não era bem isso, pelo contrário.

Essa minha expectativa logo foi frustrada diante do diagnóstico da endometriose. E de fato a realidade me mostrou que estou, assim por se dizer, bem dentro da média, com uma leve tendência de baixa.

Brincadeiras à parte, a vida sexual das mulheres é um dos grandes dilemas associados à doença, e ouso dizer – por achismo mesmo – ser um dos grandes conflitos, se não o maior, que acaba por gerar as separações dos casais acometidos pela doença.

Uma mulher com endometriose, de modo geral, é uma mulher queixosa. Passa grande parte do tempo verbalizando o seu sofrimento. O que é totalmente compreensível, visto que durante quase toda a sua vida ela alterna ciclos mensais de dor e sofrimento, por algumas semanas de alívio ao longo dos meses.

E conforme o tipo da doença, se for a profunda, como no nosso caso, tudo isso será elevado à décima potência.

Enquanto a mínima dor de cabeça já é motivo para frustrar qualquer noite de prazer da grande maioria dos maridos por aí, imagine a endometriose.

De fato, tem muitas mulheres que não conseguem lidar com tamanho sofrimento e acabam por transformar a vida do cônjuge em um inferno, mas com certeza isso é uma minoria. A grande maioria sofre calada.

Infelizmente a realidade é que, diante da nossa sociedade ainda extremamente machista, temos aí um motivo mais do que evidente para um bando de frouxos pularem fora do barco.

Mas antes que você comece a se lamentar pela gente, demonstrando a sua piedade pela nossa escassez de relações, deixa eu te contar uma coisa.

Conversar abertamente sobre sexo por si só já é um desafio para a maioria das pessoas. Aquela conversa mais franca já é capaz de deixar ruborizados os rostos daqueles mais pudicos.

Eu sou daqueles que corroboram com a teoria que se foi Deus que fez, então é bom. Pois tudo que Ele faz é bom.

Até entendo que existam pessoas que não são assim, por se dizer, muito ligadas à prática sexual, o que de longe não é nosso caso.

Uma das maiores Graças que Deus poderia me dar é uma esposa que gosta tanto – às vezes acho que até mais – de sexo do que eu. Rezo todos os dias em agradecimento por isso.

E a verdade é que, como em tudo em nossa sociedade, ninguém pensa na mulher. O primeiro pensamento de todos é: "coitado desse cara! A mulher dele tem endometriose, não deve nem transar". Ou pior: "seu marido não vai devolver você para sua mãe, não?". Mas e ela? Já parou para pensar se fosse com você?

Se você estivesse cheio de tesão, mas não conseguisse de nenhuma forma dar aquela aliviada, simplesmente pelo fato de morrer de dor no seu órgão sexual. E aí? Como seria?

Isso significa que abrimos mão do sexo e decidimos viver uma vida celibatária?

Pelo contrário, a necessidade faz o peão, como diria o caipira.

E assim nos empenhamos para sermos criativos.

E uma das coisas que aprendi rapidamente sobre a sexualidade masculina é que ela é extremamente efêmera.

E essa é uma verdade muito dura de se aceitar. De fato, de "varão" você não tem nada.

Salvo se você seja um atleta de alto rendimento ou esteja fazendo uso daquelas drogas do tipo azul, que irão lhe garantir dois ou três orgasmos seguidos.

De modo geral, todo homem terá aqueles dois ou três minutos de sexo "intenso", como a grande maioria da população masculina. O que difere totalmente da biologia feminina, já que as mulheres levam entre dez e vinte minutos para alcançar o seu orgasmo.

Então, se você for homem e entrar numa transa pensando somente no seu prazer, sua relação sexual estará fadada aos seus míseros dois minutos de prazer egoísta. E, nesse caso, não quero nem pensar na frustração dessa coitada.

Nesse cenário você não precisa ser gênio para entender que o segredo do bom amante não é o de garantir o seu próprio orgasmo, mas sim na sua capacidade de dar prazer. Isso mesmo. Você precisa entender que o seu grande estímulo sexual está em ver a quantidade de orgasmos que você consegue garantir à sua parceira.

E se você se imbuir desse desafio, garanto que nunca sobrará espaço para a monotonia na sua relação, já que os seus dois minutinhos estão garantidos de qualquer forma.

E monotonia foi algo que nunca experimentamos na nossa vida. Ao longo de todos esses anos atravessamos diversas fases diferentes.

Fases de fazer inveja aos solteiros mais afoitos deste novo mundo louco de aplicativos de encontros.

E outras de castidade extrema, de fazer inveja àquelas senhoras beatas mais pudicas do interior.

Tudo depende da endometriose.

Então você tem que ter muita imaginação, criatividade, intimidade e confiança.

Tem hora que não pode fazer mais desse jeito.

Tem hora pode voltar a fazer.

Temos que tentar novas posições, mudar a intensidade, a velocidade, a frequência.

Porém, acima de tudo, temos que aprender mais sobre o nosso corpo e o corpo da sua mulher.

No mesmo mês você pode ficar duas semanas sem chegar perto dela – nessa fase parece que ela vai lhe matar se você cogitar algo do gênero –, e no mesmo mês você terá uma semana ou até dez dias gloriosos, nos quais você fará sexo até duas vezes ao dia se sua agenda permitir.

Tudo depende.

Só não ache que será fácil.

Pelo contrário, é foda, sem nenhum trocadilho.

Até hoje ainda acabo uma transa perguntando se doeu. Essa é uma preocupação constante. Imagine você causar uma dor extrema à pessoa que você mais ama, enquanto você está imbuído de lhe dar o maior prazer possível. Pense no tamanho da frustração.

Se você ainda não conseguiu imaginar, vou deixar mais claro para que vocês possam entender. Depois da segunda cirurgia, como contei anteriormente, minha esposa teve o comprometimento de todos os nervos da região da pelve. Com isso, ela passou a sofrer de dores neuropáticas intensas irradiadas do ventre para as pernas.

Num desses períodos gloriosos do mês, aproveitando uma brecha sem os filhos em casa, não perdemos tempo. Lembra da bunda?

Sempre achei a bunda dela linda.

E nesse dia fui dar aquela pegada de macho hétero top. Quando segurei suas nádegas com força, irradiei um estímulo de dor tão intenso que ela começou a chorar e gritar.

Me dizia que sentia como se eu a estivesse esfaqueado. Imagine a cena! Você e sua mulher nus, prontos para o prazer, sendo interrompidos por esta cena. Não há quem não broxe.

Essa é nossa realidade, porém nem tudo são lágrimas e dores. A endometriose nos trouxe algumas vantagens sexuais inimagináveis.

Sim! Tudo na vida tem o seu lado bom, nada é 100% ruim ou 100% bom, lembra? E no meu caso tivemos, sim, um lado muito bom!

Digo e repito: a mulher que ainda não descobriu o poder da fisioterapia pélvica não faz ideia do que está perdendo. E nenhum homem hétero deveria morrer antes de conhecer essa especialidade.

Para você que é leigo, assim como eu, e não entendeu, vou tentar explicar de forma didática e sem pudor.

Uma em quatro mulheres, e um em cada dez homens sofrem com sintomas de perda de urina grave.

Devido a este fato, surgem novos conceitos para o tratamento pré e pós-cirúrgicos da incontinência urinária e das alterações correlacionadas. Nestes casos a fisioterapia tem tido um papel importante. Nos casos em que a cirurgia se faz necessária, a fisioterapia pode atuar no treinamento comportamental, através de exercícios para ganho de força e resistência do assoalho pélvico e em orientações que permitem um melhor resultado cirúrgico, conforme explica Palma.[13]

É na região pélvica, de modo geral, onde se concentra a maioria dos casos de endometriose profunda. E em função das várias cirurgias que minha esposa realizou, não foram poucas as sessões desta fisioterapia pelas quais ela passou.

Ocorre que nesse conjunto de órgãos temos a vagina.

E parte do processo de recuperação da saúde feminina está em estimular, desenvolver e fortalecer os músculos do assoalho pélvico, que circundam a vagina.

O método fisioterapêutico muito utilizado é o *biofeedback*, que se baseia na transmissão de conhecimento para o paciente,

---

[13] PALMA, Paulo César Rodrigues. Urofisioterapia Aplicações clínicas das técnicas fisioterapêuticas nas disfunções miccionais e do assoalho pélvico. São Paulo: Reproset, 2014.

objetivando um controle voluntário sobre o processo de contração e relaxamento muscular, garantindo um adequado funcionamento do assoalho pélvico, tanto para o controle de micção, como da defecação.

Outra estratégia de tratamento fisioterápico é a utilização de cones vaginais, que foram conceituados por Plevenick, em 1985. Estes materiais são pequenas cápsulas com formato anatômico, de pesos diferentes, cujo objetivo é fornecer "feedback" sensorial à paciente e resistência nos músculos do assoalho pélvico à medida que se contraem, define Palma.[14]

Se você estiver imaginando aquela figura clássica dos marombeiros e marombeiras de academia, posso lhe afirmar que não é nada disso. Trata-se de fortalecer o corpo de dentro da pelve para fora.

Acredito que a essa altura dei um nó em sua mente e você deve estar se perguntando o que isso tem a ver com o sexo. A resposta é: tudo!

No meu caso implica em receber uma masturbação incrível, na qual ao invés de utilizar as mãos, ela simplesmente utiliza a musculatura que circunda a vagina.

Imaginou? Não, você não vai conseguir, tem de sentir. E é incrível! Como as meninas dizem: faz com que no dia seguinte ele passeie de mãozinhas dadas com você no shopping.

É assim, tem dias melancólicos e frustrantes, e outros gloriosos que você vai ao céu e vê todas as luzes do universo.

E nessa montanha-russa cabulosa, de frustrações e êxtase, vamos nos adaptando, nos respeitando e, acima de tudo, nos encontrando a cada uma dessas novas fases.

---

[14] *Idem.*

15

VIVER É SOFRER

Minha esposa de forma estranha sempre se referiu à endometriose em terceira pessoa e, pior, se referia a ela como "amiga".

– É... minha "amiga" voltou...
– Esse mês minha "amiga" está dando trabalho...
– Minha "amiga" não me deixa em paz...

Amizade torta essa, para dizer o mínimo.

A dinâmica do sofrimento é assim, por se dizer, muito peculiar na mente humana. De modo geral, todo mundo almeja um estado de felicidade plena. Um ideal imaginário que depende que algo especial aconteça. E não por exagero, sempre esse algo é muito espetacular para ser verdade. Para não se dizer miraculoso.

Essa terceirização da felicidade invariavelmente acaba por estar vinculada às coisas ou associada às conquistas materiais e pessoais.

Quando eu me formar...
Quando eu me casar...
Quando eu tiver um filho...
Quando me aposentar...
Quando eu ganhar na loteria...
Quando eu for promovido...

O principal problema dessa vinculação, ainda mais nestes nossos tempos de realidades distorcidas pelas redes sociais, é que sempre haverá algo a mais para almejar.

Uma dinâmica que escraviza as pessoas, neste *looping* cruel de querer chegar àquele lugar inalcançável. Já que sempre a grama do jardim do vizinho será mais verde que a sua.

O que implica numa busca incansável por algo que não tem fim; o que impede as pessoas de enxergar e viver a felicidade do agora, uma vez que estão sempre em busca daquela que ainda não chegou. E com a doença não é diferente.

Quando eu me curar...

Quando eu estiver bem...

Quando eu fizer a cirurgia...

Quando eu estiver sem dor...

O que aprendi é que a felicidade mora nas pequenas coisas, e não nas grandes; não é algo que se alcança, mas sim algo que se aprecia, pois ela acontece sempre.

"Aprecie a jornada", um sábio senhor me ensinou durante uma aula de MBA. E esse senhor nem professor era, tratava-se de um colega de turma. Preciso reencontrá-lo um dia para agradecê-lo por isso. Ele nem faz ideia do quanto isso foi importante para mim.

Na realidade, o simples fato de existir vai lhe impor sofrimento. É uma condição natural da existência, é inerente à raça humana.

Você sofre porque cresce e você só cresce porque sofre.

Você só nasceu porque cresceu tanto dentro do ventre da sua mãe, a ponto de não caber mais lá dentro, e o sofrimento foi tão grande que fez com você tivesse que sair de lá. E isso te obrigou a encarar outro sofrimento, maior ainda – um trauma, na realidade –, que foi sair daquele ambiente bem adequado e protegido para encarar esse lugar aqui fora, muito mais iluminado, frio e barulhento.

São os 4 "R" do desenvolvimento humano.

ViveR é cresceR, cresceR é decidiR e decidiR é sofreR.

Decidir é sofrer, pois sempre irão pairar as dúvidas: será que tomei a decisão certa? E se tudo der errado? E se eu quiser voltar atrás? E se eu tivesse feito daquele outro jeito?

Isso explica o porquê de os consultórios psiquiátricos estarem - na realidade deveriam estar ainda mais-, cheios de pacientes com a síndrome de Peter Pan, ou "síndrome do homem que nunca cresce", definida pelo Dr. Dan Kiley[15].

Essa síndrome afeta pessoas que não querem ou se sentem incapazes de crescer, pessoas com corpo de adulto, mas mente de criança. Não sabem ou não querem deixar de ser crianças. O termo vem do personagem infantil fictício Peter Pan, que nunca envelhece. Algumas características do transtorno são a incapacidade dos indivíduos de assumir responsabilidades.

Invariavelmente nos defrontamos com pessoas que não querem tomar as decisões por si só e focam em girar em torno de seus problemas, esperando que alguém assuma a responsabilidade por elas. Se negam a aceitar o sofrimento inerente da vida e vivem frustradas, culpando sempre os outros por seus insucessos, falta de perspectivas e inevitáveis vícios.

Viver é sofrer, aceite. Vai por mim, é bem melhor.

Até porque você não poderá evitar o sofrimento por toda vida, uma hora ou outra, ele irá lhe encontrar.

Outra coisa importante, o seu sofrimento é seu. E só seu. Você pode até tentar passar adiante, mas não vai conseguir, só irá fazer sofrer também todos aqueles que lhe são mais próximos.

O que de fato você irá conseguir é afastar de si quase todos os que lhe cercam. Afinal, ninguém está muito interessado em carregar os problemas dos outros, cada um já está muito ocupado lidando com suas próprias mazelas.

Assim, quando você olhar à sua volta, não verá mais ninguém, ou quase ninguém, só sobrarão aqueles que mais lhe amam. E serão poucos, pouquíssimos.

Dúvida? Faça um teste! Comece a contar os seus problemas para alguém. Você verá que a reação imediata parece ser uma competição meio mórbida para ver quem tem o maior sofrimento. Algo do tipo: quem sofre mais, ganha.

---

[15] KILEY, Dan, Dr. **The Peter Pan Syndrome**: Men Who Have Never Grown Up. Nova York: Dodd, Mead & Company, Inc. 1983.

Se você fizer isso, logo lhe serão apresentados casos a contraponto de sofrimentos pessoais ou de "fulanos conhecidos" bem maiores do que seu.

– Ah! Isso com você não é nada, você não sabe o que eu tô passando...

A depender do entusiasmo de quem narra o sofrimento, no final da "batalha" você, que estava ali procurando uma palavra amiga ou um acalanto, é quem irá oferecer um lenço para que o tal fulano enxugue suas lágrimas.

A dinâmica do sofrimento é peculiar, e como é.

Poderíamos até tentar admitir na endometriose a tese da psiquiatra suíça Elisabeth Kübler-Ross, autora de On Death and Dying[16], e seu modelo para tentar encará-lo. Originalmente pensado para o luto, mas amplamente difundido para pacientes em tratamento de câncer, trata-se das cinco fases: negação, raiva, barganha, depressão e aceitação. Não que necessariamente todos vivam as cinco etapas, nem nessa ordem, mas basicamente é a teoria mais aceita sobre o assunto.

Nós até tentamos colocar a nossa vivência com a endometriose nessa lógica, mas não conseguimos de fato. Percebemos que a doença em si é tão específica, que até o sofrimento da paciente é difícil de modelar.

Na negação, pelo modelo de Kübler-Ross, existe um mecanismo de defesa desenvolvido na tentativa de absorver o impacto da notícia ou do diagnóstico. Como se apenas dizer que ele não exista resolva o problema. No nosso caso, por exemplo, ao invés de negado, ele foi comemorado, pois as opções eram: ter endometriose ou ser louca.

O próximo passo seria a raiva, que minha esposa inverteu e foi direto para a barganha. Tentou negociar com Deus, fez promessa, se apegou a uma tradição de entendimento bem equivocada do catolicismo. Pensou que podia brincar de ser Deus. E não só

---

[16] KÜBLER-ROSS, Elisabeth, MD. **On Death and Dying**. Nova York: Scribner Book Company, 1997.

poderia compreender a dimensão e os mistérios do Criador, mas pautar as suas intervenções milagrosas.

Contudo, claro que houve frustação. E aí sim ela passou para a raiva. Então passou a brigar com os médicos, com Deus, com tudo e todos à sua volta, numa tentativa de suprimir a dor, já que ainda não estava preparada para deixar a razão prevalecer.

A quarta fase acredito que seja a única que ela viveu na essência de verdade, e não por acaso foi a mais longa, levou quase 10 anos. Essa é aquela fase em que a "ficha cai" e vem a rendição, acompanhada da depressão. Foi quando ela começou a se culpar pela doença. Um castigo. Começou a tentar encontrar motivos para justificar o porquê de merecer passar por esse sofrimento.

Somente mais tarde ela pode ver a consciência surgir e reconhecer que a vida tinha que ser encarada de frente. Foi quando tudo ficou claro.

A fase da aceitação, no modelo da psiquiatra suíça, se dá quando a pessoa tem consciência de que a vida nunca mais será a mesma, mas ela deve continuar. Porém, no nosso caso, foi quando minha esposa percebeu que a vida não iria de fato mudar. Que a endometriose e as suas sequelas iriam lhe acompanhar por toda a vida. Foi quando de fato ela teve consciência de que precisava seguir em frente, com o que a vida tinha para lhe dar. Foi quando ela entendeu que a doença não era uma "amiga" inconveniente, que poderia ir embora, mas sim que a endometriose fazia parte da sua existência. E que ela tinha que abraçá-la e aceitá-la.

Foi quando ela olhou em volta e resolveu agradecer pelo que tinha, e não mais pedir pelo que não tinha.

E assim, já são quase duas décadas encarando a endometriose de frente, com tudo que a medicina pode nos proporcionar, e ao todo quase trinta anos desde os primeiros sintomas de fato. Por isso, uma coisa posso afirmar, ninguém está preparado para isso!

Não se sintam culpados. Apenas não desistam.

Mantenham os pensamentos firmes, encontrem seus meios. Eu posso indicar os meus.

Por sorte ainda bem jovem conheci a Logoterapia, uma abordagem criada pelo médico e psicólogo Viktor Frankl e conhecida como a terceira escola de psicoterapia de Viena. Sendo a primeira a psicologia adleriana, que em última análise, encara o processo terapêutico como uma tentativa de encorajar o paciente a vencer os seus sentimentos de inferioridade. A segunda é a mais famosa de todas, a psicanálise freudiana, que a grosso modo vê o paciente regido por mecanismos e o terapeuta, como aquele que sabe lidar com tais mecanismos.

O termo "logos" é uma palavra grega que significa "sentido". Sendo assim, a Logoterapia se concentra no sentido da existência humana, bem como na busca da pessoa por sentido. Para a logoterapia, a busca do sentido da vida da pessoa é a principal força motivadora no ser humano.

A Logoterapia me foi apresentada por minha irmã, que havia feito uma especialização sobre o tema no final dos anos 90. Talvez ela nem saiba o quanto lhe sou grato por isso.

Na verdade, não cheguei até ela por causa da doença, pois em certo momento da carreira profissional percebi que estudar os mecanismos de construção dos pensamentos seriam fundamentais. Não apenas como publicitário, para entender as lógicas de persuasão dos consumidores, mas principalmente como gestor, nos processos de liderança e motivação dos times que ajudei a construir.

Assim, dediquei, e ainda dedico, grande parte do meu aprendizado à neurociência, à psiquiatria e à psicologia. Sou apaixonado pelo tema.

Quando cheguei à Logoterapia, consumi tudo que minha irmã poderia me oferecer sobre esse tal de Viktor; e não tem como não achar esse cara foda!

Sua teoria estava tão à frente de seu tempo, que grande parte da classe acadêmica preferiu classificar sua tese como esoterismo lá nos anos 50, motivo que restringiu a sua apresentação nos cursos de psicologia ao longo dos anos. Mas hoje, 80 anos depois, é aclamada.

O sentido da vida ou "o propósito" é a base fundamental dos valores, não só das pessoas, mas das empresas, sendo determinante no processo de engajamento dos seus funcionários e principalmente consumidores.

Como diria Nietzsche, quem tem pelo o que viver encontra um como.

A teoria de Viktor Frankl foi forjada em sua experiência pessoal de sofrimento, como sobrevivente dos campos de concentração nazistas. Ali, quando ele esperava pelo chuveiro, experimentando integralmente a nudez, quando não lhe restava mais nada além do que o seu corpo nu; quando nem mesmo os cabelos e pelos do corpo foram poupados, quando ele não possuía mais nada, além da sua existência nua e crua, quando nada restava de sua vida de antes, quando as tentativas, ainda que embrionárias, de psicoterapias individuais estavam centradas na emergência de salvar vidas, uma vez que esses esforços se destinavam a evitar os suicídios.

E quando a maioria se preocupava com a questão "será que vamos sobreviver ao campo de concentração? Pois, caso contrário todo aquele sofrimento não teria sentido", ele ousou questionar outra coisa: "será que tem sentido todo esse sofrimento, essa morte ao nosso redor?". Pois, caso contrário, afinal de contas, não faz sentido sobreviver ao campo de concentração.

"Como é possível dizer sim à vida, apesar de todo esse sofrimento?".

Garanto que quem sofre de endometriose profunda já fez esse questionamento ao menos uma vez na vida.

E a resposta dele foi: o sofrimento deixa de ser sofrimento quando ganha sentido.

Frankl[17] explica que quando um homem descobre que seu destino lhe reservou um sofrimento, tem que ver nesse sofrimento também uma tarefa sua, única e original.

---

[17] FRANKL, E. Viktor. **Em busca de sentido** - Um psicólogo no campo de concentração. Tradução: Walter O. Schlupp e Carlos C. Aveline. 52. ed. - São Leopoldo: Sinodal; Petrópolis: Vozes, 2021. p. 102.

Mesmo diante do sofrimento, a pessoa precisa conquistar a consciência de que ela é única e exclusiva em todo o cosmo dentro desse destino sofrido. Ninguém pode assumir o destino, e ninguém pode substituir a pessoa no sofrimento.

A Logoterapia procura criar na pessoa uma consciência plena de sua própria responsabilidade, por isso precisa deixar que ele opte pelo que, perante que ou perante quem ele se julga responsável.

Ela me ensinou que há três caminhos principais pelos quais você pode chegar ao sentido da vida.

O primeiro consiste em criar um trabalho ou fazer uma ação. Podemos citar vários exemplos famosos, como: Mandela, Irmã Dulce, Gandhi, Zilda Arns, entre tantos outros. Ou vários tantos professores, empresários, médicos, policiais, bombeiros e veterinários anônimos. Por fim, todos que encontram na profissão sua missão. Já o segundo caminho, que foi o qual eu experimentei, é o de encontrar alguém; em outras palavras encontrar o sentido da vida pelo amor.

Agora o mais importante é o terceiro. Nesse caminho, mesmo que desamparada, numa situação sem esperança, enfrentando um sofrimento que não pode ser mudado, a pessoa se ergue para além de si mesma e, dessa maneira, transforma sua tragédia pessoal em triunfo.

Além disso, o caminho proposto por Frankl passa por entender a tridimensionalidade do ser humano. Ou seja, transcende a existência bio psico, limitada às dimensões do corpo e da mente, nas quais residem as doenças e o sofrimento e evoluem para entender a sua dimensão espiritual, ou da alma.

Ao reconhecer o inconsciente espiritual, Frankl também afasta toda a intelectualização e racionalização unilaterais sobre a essência do ser humano, no que o reconhecem somente a partir da razão. Vê no ser humano uma unidade na totalidade que inclui: corpo, psiquismo e espírito (noos).

É a essa tendência inconsciente para Deus que Frankl chamou de estado inconsciente de relação com Deus ou "presença ignorada de Deus". Não constitui a divinização do inconsciente, como o próprio autor esclarece, nem pode ser considerada uma afirmação panteísta ou ocultista, nem é uma afirmação teológica de que Deus vive no inconsciente e de um "inconsciente transcendental" que inclui a dimensão religiosa.

A Logoterapia, portanto, é uma psicologia que, sem perder o rigor científico, introduz a noção de transcendência na ciência do ser humano[18].

E antes que você possa se confundir, o alvo da Logoterapia é a cura da alma, ao passo que o alvo da religião é a salvação da alma.

E o que aprendemos foi que a paixão, o prazer, assim como o sofrimento pertencem à dimensão do seu corpo e da sua mente. Agora a felicidade, esta você somente poderá encontrar na dimensão da alma.

Por isso, no momento certo, eu e minha mulher, cada um a seu tempo, conseguimos ter esse encontro pessoal consigo mesmo. De autoconhecimento e autorresponsabilidade. No caso dela, pôde ver também além da doença.

Ver aquilo que dava sentido à sua vida. E para isso ela foi até as profundezas da sua alma buscar as forças para seguir em frente.

Seguir cuidando, mesmo quando é ela que precisa de cuidado.

Seguir abraçando as dores de tantos, enquanto ninguém parece se importar com as dela.

Porque ela escolheu sofrer e seguir em frente.

Porque somente o tempo pode lhe mostrar essa cura.

Mas não a cura da doença, pois essa não tem cura, mas sim a cura do sofrimento.

E, por ironia, foi esse tempo que a deixou ainda mais linda.

Que cara de sorte eu sou.

---

[18] FRANKL, E. Viktor. **A presença ignorada de Deus**. Tradução: Walter O. Schlupp e Helga H. Reinhold. 23. ed. São Leopoldo: Sinodal; Petrópolis: Vozes, 2021. p. 6.

16

UM CASO DE AMOR COM A ENDOMETRIOSE

Quando você apenas decide ser feliz com outra pessoa, e vê passar décadas e décadas da sua existência ao lado dela. Quando somente ao lado dela você se sente completo e o simples fato de pensar a sua vida sem essa pessoa lhe dá um nó no estômago. Algo tão vital como respirar, que você nem percebe que está fazendo na maioria do tempo, na realidade só se preocupa quando realmente faz falta.

Esse é o nosso casamento. Simples assim.

E de certa forma vimos nossa vida servir de inspiração e até certa descrença para muitas pessoas:

– Qual é o segredo de vocês?

Como se pudéssemos criar uma mentoria de sucesso para todos os relacionamentos conjugais. Aquela receita mágica.

Na realidade, demorou para eu entender que nosso relacionamento realmente foge aos padrões da sociedade atual. De modo geral, aquilo que entendemos como simples e corriqueiro na nossa vida vem se mostrando cada vez mais como uma exceção para as pessoas que nos conheceram ao longo dessa nossa jornada.

Parece que a realidade dos casamentos hoje em dia se resume em duas verdades. A dos relacionamentos longos, cada vez mais raros e chatos, fadados às rotinas maçantes, aos conformismos, às tolerâncias e que se arrastam em troca de uma pseudo dependência de segurança e obrigações mútuas.

Enquanto que do outro lado está a verdade das paixões fluídas, cuja premissa é o "se não der certo a gente separa". E que diante da mínima estremecida chegam ao fim. E rapidamente são substituídas por outros, na velocidade de um rolar de dedos no Reels® ou no Tik Tok®.

Sempre estivemos lidando com situações ambíguas de admiração, respeito e até certo ponto uma inveja ou outra, contra questionamentos sobre o quanto da real possibilidade de duas pessoas serem felizes juntas por tanto tempo, nos colocando como se fôssemos atores interpretando papéis para sociedade, mas em casa tivéssemos uma vida diferente. Como se tivéssemos uma vida de hipocrisia, já que o simples fato de decidir dedicar sua vida a outra pessoa e ter um compromisso com nossa família fosse algo impossível.

– Não pode ser verdade! – Já ouvimos isso algumas vezes.

Refletindo sobre essa necessidade de atingir as expectativas dos outros, tanto para aqueles que nos apresentam como inspiração em suas vidas, quanto para aqueles mais céticos, percorri os anos de nossa história querendo encontrar as razões lógicas para "termos dado certo".

Minha cunhada, que professa uma fé reencarnacionista, diz que somos almas gêmeas. E que estamos fadados a nos encontrarmos pela eternidade. Desde sempre e para sempre, nosso encontro completa nossa existência.

Embora ache linda essa teoria, não acredito que seja isso de fato, mas creio sim que há algo de divino nessa nossa decisão.

Sim, casamento é uma decisão. Pelo menos para mim e para ela.

Para tentar explicar aquilo que não se explica, longe de querer criar uma regra ou passar uma receita de bolo, primeiro preciso explicar que nós acreditamos que existam três tipos de casamentos.

Sempre brinco que a maioria dos problemas das pessoas se resolveriam apenas com a matemática básica e no entendimento da língua portuguesa.

E nesse caso não é diferente.

Casamento pode ser o contrato. Exatamente, um contrato entre as partes que acordam os direitos e deveres de cada uma envolvida. Ou seja, as suas obrigações civis perante uma sociedade e, principalmente, perante o seu cônjuge.

Existem também as uniões entre dois seres humanos, que decidem viver juntos pelo período que lhes convém, mesmo que esse tempo possa ser até a morte de um deles, independentemente da fé que professam ou não.

E existe o nosso casamento: Católico Apostólico.

Embora estejamos presenciando um mundo onde aparentemente se vale mais a fé que se carrega embaixo do braço do que aquela que se carrega dentro da alma, ou ainda manifestações de fé, assim por ser dizer, dinâmicas. Professadas de acordo com aquilo que mais convêm em determinado momento ou de um entendimento próprio do divino, como se as diversas expressões de fé fossem uma grande caixa de Lego®, dispostas para serem montadas conforme a sua predileção.

E de fato, convenhamos, não há nada de errado em nenhuma delas ou em quaisquer outros entendimentos. Sejam lá quais forem. Apenas devem ser respeitados, já que fé é algo único e pessoal. E assim diz respeito a cada indivíduo, sem nenhuma possibilidade de crítica.

Mas eu, do meu lado desde sempre – e de forma mais intensa desde a morte do pai – procurei encontrar na filosofia Católica as respostas para os meus "porquês".

E conforme me aprofundava cada vez mais nos estudos, ao contrário de respostas aos "porquês", sempre me deparava com um "para quê" diante de cada um deles.

Nessa busca incansável, como de quem quer evitar um naufrágio retirando a água do barco apenas com uma pequena xícara de café, venho me apaixonando cada vez mais pela Igreja do Cristo.

Dizem que se você começar a estudar a história e a filosofia do Catolicismo é impossível você não se converter. A julgar por mim, é uma verdade.

E se você pensou que a partir desse momento eu iria passar a destrinchar versículos das Sagradas Escrituras para lhe converter, você errou miseravelmente.

A base da minha fé está na mais pura filosofia de Jesus Cristo. E mesmo que você não concorde com a divindade desse cara, há de se convir que o seu pensamento mudou o mundo.

Qual é o segredo da felicidade de vocês, mesmo diante de tanto sofrimento?

Nessa minha pretensão, até certo ponto arrogante, de me propor a responder essa pergunta, necessito primeiro explicar uma questão básica.

Independentemente se em algum dia você se declarou católico, mesmo que "não praticante", ou não, peço que você apenas dedique sua atenção a uma coisa. Esqueça por um instante o Clero, as Sagradas Escrituras, a Liturgia, o Catecismo, a tradição de mais de dois mil anos da Igreja, enfim, apenas foque no básico.

Não que esse entorno deixe de ser parte do todo, mas assim como no sistema Solar, sem o Sol todo o resto nem existiria ou faria sentido.

E esse básico é que Deus é o Amor.

Sendo assim, o Amor não é um sentimento.

Amor não se sente.

Você pode sentir admiração, paixão, tesão, respeito, ciúmes, carência, prazer, seja o que for, mas o Amor não.

Todos esses sentimentos podem até ser formas para você entregar o Amor a alguém, mas agora o Amor, esse é divino.

Prova é que nunca se viu alguém chamar pelo demônio na hora do orgasmo. Pelo contrário, é sempre um "ai, meu Deus" ou no mínimo um "minha Nossa Senhora". No momento máximo de êxtase e prazer, quando muitos dizem ter chegado ao céu, é por Deus que todos clamam.

E o Amor também não se explica, porque você não pode explicar Deus, não faz parte da nossa dimensão de conhecimento.

Como diria Santo Agostinho: a medida do amor é amar sem medida.

Amor você tem! Acredite, vai por mim.

E numa lógica básica, você nunca será capaz de dar algo que você não tem. A não ser que você seja um estelionatário contumaz.

Essa minha tese é traduzida de forma nítida quando analisamos a compulsão humana pela Loteria.

Num sinal de cuidado e compaixão com os mais próximos, sempre que alguém vai fazer aquela tradicional "fezinha", profetiza:

– Se eu ganhar na loteria eu vou lhe dar uma casa. Ou um carro. Ou qualquer outra coisa.

Mas a pergunta deveria ser:

– Se você gosta tanto assim de mim, por que então simplesmente você não me dá essa casa agora?

Mas claro que a resposta sempre será:

– Agora eu não posso lhe dar, porque não tenho dinheiro. Falta o básico.

Então se tivesse daria. Logo você somente pode dar aquilo que tem.

Mas como consigo ter Amor?

Essa é a verdadeira questão.

E a resposta é óbvia: não se trata do ter, mas sim do que você é capaz de dar.

E sem perceber, enquanto eu fazia muitas outras perguntas, fui encontrando a resposta para essa.

Você já deve ter imaginado Deus parecido como um ser humano, aquele homem velho de barba branca das pinturas renascentistas. Se sim, errou de novo.

Normal, até porque esse erro é comum, por uma interpretação equivocada de um trecho do livro de Gêneses. Aquele que diz que Deus fez o homem à sua imagem e semelhança.

Notem, Ele diz semelhança, não está escrito igual.

E Ele fez isso para poder caber dentro de você.

Assim como nas criações do homem, um boné ou um chapéu, por exemplo.

Eles são feitos à imagem e semelhança da cabeça, para que a cabeça possa caber dentro. Como também os sapatos, a cama que você dorme e assim por diante.

Numa certa ergonomia divina, você foi feito como um vaso exatamente no formato para que Deus caiba dentro de você. E para que assim você possa ficar repleto Dele, e ter o Amor dentro de você e em toda sua plenitude.

Isso explica porque nós católicos veneramos Maria. Pois, sendo ela a Mãe de Jesus carregou no ventre o Deus encarnado. Ela teve dentro de si todo o Amor.

Explica porque para nós ela é o único ser humano imaculado, sem mancha, pois ela foi a única que experimentou o Amor em sua potência máxima.

E notem que somente uma mulher poderia suportar isso. Nunca um homem. Somente uma mulher teria esse poder. Começa por aí o sagrado feminino. O de ter, gerar, carregar em si e dar a vida.

Nessa linha e indo um pouco mais fundo, por muito tempo me questionei sobre esse tal de João Evangelista.

João foi um dos doze apóstolos e é autor do meu evangelho preferido. Nele, para quem não conhece o livro, São João sempre se refere a si mesmo como "o discípulo amado por Deus", e eu, em minha ignorância e egocentrismo, sempre me questionei: por que será que Jesus deu tanto Amor para esse cara, por que Ele o amou tanto? Por que ele foi tão especial? Essas perguntas não saiam da minha cabeça.

E quando entendi a lógica dessa dinâmica tudo ficou claro.

Quase no fim desse Evangelho, quando Jesus está na cruz, pouco tempo antes de morrer, Ele olha para sua mãe e diz:

– Mulher, eis aí teu filho.

E depois vira para João e diz:

– Filho, eis aí tua mãe.

Quando entendi isso, minha cabeça explodiu.

Jesus deu tanto Amor para João, para que ele – repleto do Amor do próprio Cristo – amasse Maria como Ele a amou. Pois em sua infinita sabedoria, Jesus já sabia que quebraria o coração daquela mulher.

E na maior expressão da sua humanidade em toda a Bíblia, demonstra ali o cuidado de um filho e a sua preocupação com sua mãe.

Desta forma, Jesus amou tanto esse João para que ele pudesse dar à Maria o seu próprio Amor, para que João fosse capaz de amá-la como um filho.

Você somente será amado de verdade se alguém lhe der o Amor. O Amor que está em si. Eis a resposta.

Mas se você carrega dentro de si outras coisas, se você somente carregar raiva, frustração, medo ou rancor, você jamais será capaz de dar Amor. Como você vai dar o que você não tem?

Da mesma forma que caso você esteja cheio dessas outras coisas, você nunca terá espaço dentro de si para o Amor, mesmo que alguém se esforce muito para lhe dar; pois esse Amor não caberá em você. Não haverá espaço dentro de você.

E não são poucos os casos de casais desequilibrados no Amor, e em geral são as mulheres que amam mais. Como se apenas um dos dois amasse de verdade. Tal qual se você tivesse um copo cheio de óleo até a boca e num esforço tremendo você tentasse colocar a água mais pura dentro dele, mas sem sucesso, pois ela simplesmente escorrerá pelo chão. Como sabemos, óleo e água não se misturam, é impossível.

E se há de fato alguma receita de sucesso, acredito que a mais importante delas é que primeiro você deve se esvaziar de si. Pois para poder abrir espaço para receber o Amor, mesmo que alguém esteja se esforçando muito para lhe dar, você precisa se esvaziar.

Não depende do outro, mas de si. É um ato individual esse o de aceitar ser amado, é sua responsabilidade.

E embora hoje muitos vejam o casamento somente como um evento social, aquela realização do sonho de entrar de branco na Igreja, para nós o Casamento Católico é sagrado! Tão sagrado que é um Sacramento.

Tão sagrado que nem é feito pelo Clero. Ao contrário do que muitos pensam, o Padre não casa ninguém, quem faz o Casamento são os noivos, o sacerdote apenas assiste ao Casamento, como uma testemunha da sua promessa.

E essa promessa, de tão importante que é, somente pode ser comparada a um outro Sacramento, o da Ordem.

O Sacramento da Ordem na Igreja Católica é a promessa dos homens e das mulheres que decidem dedicar as suas vidas à Deus; quando eles decidem se tornar padres, monges ou freiras. Por sinal, uma das cerimônias mais lindas da Igreja. Recomendo assistir uma, mesmo que você professe outra fé.

Durante essa cerimônia, há um momento muito simbólico, onde a pessoa se deita de bruços no chão, como um cadáver mesmo. E depois se levanta. Literalmente como se tivesse morrido para sua antiga vida e renascido numa nova vida na Igreja. Assim como no Batismo. Uma simbologia literal do esvaziar-se de si, para poder receber o Amor em sua plenitude. Tanto que para algumas Congregações o sacerdote abandona o nome de Batismo e passa a assumir um nome novo.

E no casamento não é diferente. Dentre outras promessas que você faz ali perante Deus, tem aquela de deixar pai e mãe e, a partir daquele momento, vocês se tornarem um. Ou seja, esvaziar-se da vida que você teve até aquele dia e começar uma nova, só que agora somente vocês como casal e sendo apenas um.

Também sempre me questionei como seria esse ser um. Como é possível se somos duas pessoas diferentes?

Parte dessa resposta está no esvaziar-se de si.

E vou confessar que isso não é uma tarefa nada fácil.

Você precisará de muita decisão. E num processo da mais pura depuração e respeito ao tempo necessário, você vai deixando para trás aquelas coisas que não importam mais, para poder dar espaço para o Amor entrar.

Agora respire fundo e preste bastante atenção, pois aqui está a sabedoria infinita de Deus, pois não é todo dia que você está bem. Tem dias que está cheio de todas aquelas outras coisas horríveis, é inevitável.

Vários e vários dias durante a nossa vida, minha esposa não tinha nada para me oferecer além da dor, da raiva, do sofrimento, do medo e, sim, a endometriose que ela carregava dentro de si. E eu precisava ajudá-la a se esvaziar desse sofrimento, eu precisava aceitar a endometriose como parte da minha vida também.

Ela tinha tão pouco Amor dentro de si naquele momento que se eu dependesse apenas dela para me sentir amado, nosso casamento teria chegado ao fim. Por isso, nós nos agarramos apenas ao Amor que estava em mim. E eu nem titubeava para oferecer esse pouco a ela. E com certeza da mesma forma ela, em outros tantos momentos, sentiu e fez o mesmo, em todas aquelas situações em que eu não estive bem e me afastei do Amor.

Mas a decisão do que eu quero por dentro de mim é só minha. Eu posso aceitar todas essas coisas negativas ou resguardar o meu espaço interior para o Amor e deixar que apenas Ele cresça lá dentro.

Tentar encontrar esse equilíbrio é o verdadeiro segredo.

Tentar esvaziá-la desse sofrimento tem sido nossa maior tarefa nestes anos.

Aproveitando toda e qualquer pequena chance para colocar um pouco de Amor naquela brechinha que o sofrimento permita.

E tendo esse Amor, mesmo que pequeno dentro de nós, conseguimos ter um pouco de esperança, coragem e sabedoria para lidar com a doença e todos os outros desafios da nossa vida.

E mesmo nos momentos mais difíceis, e olha que não foram poucos, eu tive a certeza de estar na presença desse Amor.

E o que eu descobri nessa jornada: é que meu maior prazer é ver esse Amor no brilho dos olhos dela. Mas o engraçado é que na realidade vejo o meu próprio Amor. Como que num reflexo no espelho.

Sim, já que vejo o Amor que um dia eu dei para ela.

E ela, da mesma forma, vê em mim o Amor que um dia ela me deu. Numa dinâmica única e infinita da troca do nosso Amor. E dessa forma nos tornamos um. Pois ela carrega em si o Amor que um dia eu a dei, mas que na realidade um dia já foi o Amor que ela me deu.

E nessa jornada entendi que contemplar esse Amor, no brilho dos olhos dela, é o mais próximo que eu posso estar da presença de Deus nesta nossa dimensão. E Ele é tão lindo que não tenho como não querer mais. Não me basta um dia, um mês, um ano ou a minha vida, eu farei de tudo para ter mais.

Pois se somente esse pouquinho, se essa pequena fração desse Amor, essa que consigo ver apenas pelos olhos dela já é viciante, imagine então como será a imensidão de contemplar o próprio Deus.

Eu não vou tirar os olhos dela.

Eu vou querer ver o brilho desses olhos por todos os dias da minha vida, até que os seus olhos, ou os meus, se fechem eternamente e depois disso possamos contemplá-lo em sua plenitude.

Nessa nossa vida, juntos, é claro que nós já vimos a doença, a dor, o desespero, o sofrimento, conforme registrei nessas páginas. Porém, nós também vimos o Amor. E posso lhe garantir que Ele é lindo e é Ele que dá sentido à nossa vida.

Amor, acredite, esse é o verdadeiro segredo.

Senhor!
Fazei de mim um instrumento da vossa paz.
Onde houver ódio, que eu leve o amor.
Onde houver ofensa, que eu leve o perdão.
Onde houver discórdia, que eu leve a união.
Onde houver dúvidas, que eu leve a fé.
Onde houver erro, que eu leve a verdade.
Onde houver desespero, que eu leve esperança.
Onde houver tristeza, que eu leve a alegria.
Onde houver trevas, que eu leve a luz.

Ó Mestre, fazei que eu procure mais:
consolar, que ser consolado;
compreender, que ser compreendido;
amar, que ser amado.
Pois é dando que se recebe.
É perdoando que se é perdoado.
E é morrendo que se vive para a vida eterna.

Amém.
São Francisco de Assis

REFERÊNCIAS

BÍBLIA SAGRADA - Catequética Popular. 18. ed. São Paulo: Ave Maria, 1957.

CALLADO, Thiago; LO PRETE, Ana Cristina; KISHI, Margarete Akemi. **Cannabis medicinal no Brasil.** 1. ed. São Paulo: Cia. Farmacêutica, 2021.

CURY, Augusto. **Ansiedade:** como enfrentar o mal do século. 1. ed. São Paulo: Saraiva 2014.

DIAGNOSTIC AND STATISTICAL MANUAL OF MENTAL DISORDERS. 5th ed. 2. Mental Disorders— classification. 3. Mental Disorders—diagnosis. WM 15.

FRANKL, Viktor E. **Em busca de sentido** - Um psicólogo no campo de concentração. Tradução: Walter O. Schlupp e Carlos C. Aveline. 52. ed. São Leopoldo: Sinodal; Petrópolis: Vozes, 2021.

FRANKL, Viktor E. **A presença ignorada de Deus.** Tradução: Walter O. Schlupp e Helga H. Reinhold. 23. ed. São Leopoldo: Sinodal; Petrópolis: Vozes, 2021.

KILEY, Dan, Dr. **The Peter Pan Syndrome**: Men Who Have Never Grown Up. Nova York: Dodd, Mead & Company, Inc. 1983.

KÜBLER-ROSS, Elisabeth, MD. **On Death and Dying.** Nova York: Scribner Book Company, 1997.

LARINGOMALÁCIA: você sabe o que é. **ABOPE** – Associação Brasileira de Otorrino Pediátrica, 24 de jan. de 2020. Vi nas redes sociais. Disponível em: https://www.abope.org.br/laringomalacia-voce-sabe-o-que-e/. Acesso em: 20 de mai. de 2023.

OLIVEIRA, Blenda Marcelletti de. Fazendo as pazes com a ansiedade. 1. ed. São Paulo: Editora Nacional, 2022.

OLIVEIRA, Marco Aurélio Pinho de. Endometriose Profunda - O que você precisa saber. 1. ed. São Paulo: DI Livros, 2016.

PALMA, Paulo César Rodrigues. Urofisioterapia Aplicações clínicas das técnicas fisioterapêuticas nas disfunções miccionais e do assoalho pélvico. São Paulo: Reproset, 2014.